καιρός カイロスブックス

木村公一 Kimura Koichi

非暴力による平和創造

ウクライナ侵攻と日本国憲法

いのちのことば社

はじめに

◆少年の時の「ロシア」との出会い

いま世界は「新冷戦時代」に突入し、朝鮮戦争以来続く「世界戦争」に直面している。すると東西冷戦の初めに生まれた私は、戦争の世紀を生きてきたことになる。

私の祖父・木村増太郎は、日本とロシアが朝鮮と満州の支配権を争奪するために戦った日露戦争（一九〇四～一九〇五年）で、銃弾を受けて右目の視力を失った。頭蓋骨の中の銃弾は摘出されることなく、祖父は「廃兵」として帰還した。

幼いころ、よく聞かされた二〇三高地（旅順（りょじゅん）にあったロシアの要塞）攻略戦の祖父の物語を、私はいまでも鮮明に覚えている。それはきまって「戦争は地獄だ」で始まる物語だ。話が佳境に近づくと、祖父はいつも右目に手をあて、塞ぎ込んで、何かに堪えながら沈黙するのであった。その先を聞きたい私に、祖父はいつも「小学生のおまえに、戦（いくさ）地獄の話は早すぎる」と言って終わる。祖父の心身はこの世を去るまで戦場だったのである。これが祖父を介した私と「ロシア」との最初の暗い出会いであった。

◆「特別軍事作戦」の驚きと慄き

二〇二二年二月二十四日、ロシアのプーチン大統領は「NATOの東方拡大とその軍備がロシア国境へと接近している」事態は「ロシアの重要な安全保障問題」であり、在ウクライナ・ロシア人をジェノサイドから守るためと称して、その危機感をあらわにした。「特別軍事作戦」という名のウクライナ侵攻はこうして開始された。その報道は世界の人々に驚きと慄きをもたらした。私はジョージ・W・ブッシュ政権が企てたアメリカのイラク侵攻（二〇〇三年）の歴史を思い起こした。なぜなら、私がバグダッドで経験したアメリカのイラク侵攻とロシアのウクライナ侵攻は同じとは言えないが、同根の関係にあると思えたからだ。

ここで再び個人的な事柄に触れることを許してほしい。私はインドネシアの中央ジャワにあるキリスト教神学大学での教育活動を軸に、社会問題の調査を含め、かの地で十七年間（一九八六〜二〇〇二年）働いた。その間アジア・バプテスト平和委員会（ABPF）の委員長の役目（一九九七〜二〇〇二年）に与り、多くの友が与えられた。その頃イラクでは、アメリカ軍が使用した劣化ウラン弾（一種の核兵器）の被曝で遺伝子を破壊され、奇形・障害を負わされた多くの子どもたちが苦しんでいた。私はその子どもたちに抗がん剤を届ける運動に関わらせてもらった。

二〇〇二年の秋、私は中央ジャワでの仕事に区切りをつけ、次の仕事が待っている福岡に帰った。ふたつの大学で非常勤講師を務めながら、福岡国際キリスト教会（日本バプテスト連盟）の牧師の職に就いたのは、それから一年後のことであった。

◆「人間の盾」——バグダッドでの経験

その一年の間に、私の身の上に生じた出来事について少し書かせてもらいたい。私がインドネシアから帰国した翌年（二〇〇三年）、クウェートに布陣したアメリカ軍はいつでもイラク侵攻を起こす準備ができていた。三月十日、帰国休暇を利用して、私はイラクのバグダッドに赴き、「人間の盾」（Human Shield）の運動に参加した。

「人間の盾」とは、米英軍の攻撃に対するイラク軍の盾ではもちろんなく、イラク戦争そのものに反対する非武装の市民運動である。この「盾」は米英軍のトマホーク・ミサイルや劣化ウラン砲弾に対して無力である。全世界からこの運動に参加した者たちは、いつの日か、その弱い「盾」でもって人類が考案した「戦争」という最も罪深く野蛮な暴力に打ち勝つことができると信じている。「人間の盾」とは、諸国民の公正と道義の証しであり、人間の良心と理性に対する信頼の象徴なのだ（拙書『人間の盾　パクス・アメリカーナとキリストの平和』新教出版社、二〇〇三年）。

ロシアのウクライナ侵攻とアメリカのイラク戦争との比較検討は本論にゆずることにして、私が「人間の盾」運動に加わった八日後、現地日時三月十九日、第二次イラク戦争が始まった。私は、さまざまな国からやって来た七人の仲間たちと共に北バグダッド変電所に住み込んだ。そこはバグダッド市街の半分に電力を供給する変電所であり、第一次イラク戦争（一九九一年）では徹底して破壊された施設であった。

変電所の隣の広場では、社宅の子どもたちが空襲の合間にサッカー試合を楽しんでいた。あるとき、私は子どもたちに尋ねた。「米軍が空爆で、きみたちの街を破壊しているただ中でサッカーは危険じゃないか？」するとひとりの子どもが応えて「おじちゃんたちは危険なイラクになぜ来たの？」と言った。すると別の子が「ぼくたちは、サッカーは大好きだけど戦争は嫌いなんだ」と、フィールドに戻って行った。私はこれほど過激な反戦・平和行動を見たことがない。

またある日、市内の小児科病院に多くの負傷した市民が運ばれて来ると聞いて、私たちは病院に向かった。広いロビーには大勢の負傷者が運び込まれて来る。私たちは看護師の指示に従い、手と腕を消毒して彼女たちを手伝った。私は三本の輸血用のボトルを抱えていた。そのうちのひとつに繋がっている子どもが息を引きとった。母親が静かに泣いた。私は何もしてやれなかった。

◆私はなぜウクライナ社会と関わったのか

私はバグダッドで経験したアメリカのイラク侵攻（二〇〇三年）を鏡として、ロシアのウクライナ侵攻を映し出してみた。すると二つの戦争の間にある種の類似の関係があることに気づいた。そして、このような時にこそ、教会は現地のプロテスタント教会を窓口としてウクライナ社会と連帯することが求められていると私たちは思った。そこで貴重な情報を提供してくださったのが、常盤台バプテスト教会の友納靖史牧師であった。私を送り出してくれた「東アジア平和センター・福岡」と「糸島聖書集会」の仲間たちは、ロシア軍の攻撃にさらされている多くのウクライナ人が避難民となって西ウクライナや近隣のヨーロッパ諸国に脱出していく事態に深い関心をよせていた。さらに「糸島デモクラシー塾」の友人たちをはじめ、ヒューマニストや仏教者らが尊い浄財（じょうざい）を捧げてくださった。

キリスト教徒が八〇％とも言われているウクライナ社会において、教会は基本的な責任とパワーをもっている。実際に現地を訪問してわかったことだが、戦場になっているドンバス地方や南部では、信徒や牧師の疎開などで教会は閉鎖状態に追い込まれ、コミュニティが破壊されており、そこに残留している住民に対して、ボランティア団体が水、薬、食料を支援している。

◆本書の執筆の方法と目的

この世界の事柄に向き合うとき、私はつねに二人の自分を意識する。第一の自分は、加害性を自覚しつつ事柄の内側でそれを神学的に分析する自分と、第二の自分は、客観的に事柄の外側から歴史学的にそれを分析する自分である。しかしこの両者は不一不二（ふいつふに）である。
私は西南学院大学の経済学部の学生たちに「キリスト教平和学」（二〇〇四〜二〇一七年）の授業を行った。この授業の基本テーマは「人間はなぜ〝戦争〟という誘惑に負け、人間性を捨て去るのか」であった。二〇一四年のウクライナの「マイダン政変」（詳細は「5章　ウクライナ独立から荒れ野の三十年」）とその反動としてのロシアのクリミア軍事併合は、平和学の授業のテーマのひとつとなった。そんなわけで、私は二〇一四年からウクライナ問題に関心をよせ始めた新参者である。

本書では「人間はなぜ〝戦争〟という誘惑に負け、人間性を捨て去るのか」との問いを通奏低音として、次の四つのテーマに取り組むことになる。①ロシアのウクライナ侵攻の世界史的な含意。②この戦争は避けられなかったのか。③この戦争の終わり（END＝目標・目的）を、「大ロシア文明」の復興と「大欧州（EU）文明」の再興との狭間で苦しむウクライナ民衆の諸視点から考える。④日本の平和憲法の破壊は東アジアにおける日本の正しい進路なのか、そうでないとすれば他に代わる道は何か、というテーマである。

目次

I

なぜ「軍事侵攻」は起こったのか

序章　ロシア・ウクライナ戦争とは何か

議論の出発点における前提と視座

◆ロシアの「特別軍事作戦」の違法性

国連憲章によれば、「すべての加盟国は、その国際関係において、武力による威嚇（いかく）又は武力の行使を、いかなる国の領土保全又は政治的独立に対するものも、また、国際連合の目的と両立しない他のいかなる方法によるものも慎まなければならない」（国連憲章第二条四項、一九四五年六月二十六日発効）。戦争に至るいかなる事由があろうとも、ロシアの「特別軍事作戦」それ自体はこの条項に違反していることは明確である。さらにロシアが戦争を開始した時点で、ロシア本土は、ウクライナから攻撃を受けていたわけではないから自衛権の発動ではないし（同第五一条）、安全保障理事会の承認を得ていなかったから（同第四二条）、ロシアの「特別軍事作戦」は国際法違反であることは疑う余地がない。

◆人間の社会安全保障（平和的生存権）を剝ぎ取られた人々への関心

私は基本的に〈虐げられた人々への優先的な関与〉（Preferential concerns for the oppressed）という神学的な立脚点から歴史を見つつ、自らをこの問題に関わらせる。具体的には、破壊と殺傷の犠牲となり、人間の平和的生存権が剝ぎ取られた人々の叫びを、まずもって想像する力が問われているのである。私が関わってきた「ウクライナ人道支援」はこの一年間、ウクライナ社会の人々のニーズに仕えているウクライナ・プロテスタント教会との協力関係を通して行われてきた。したがって、私はこの働きについて「ウクライナ支援」という政治的な言葉は用いず、「ウクライナ人道支援」と呼ぶ。

◆正義と平和の不可分性

平和は正義に裏づけされて、はじめて実体を帯びる。法的正義のない「平和」は次の戦争の準備の機会となり、さらに悲惨な混乱を生むきっかけともなると、インマヌエル・カントは『平和について』の中で警告する。

旧約聖書の詩篇八五篇一〇～一一節に、「慈しみとまことは出会い、正義と平和は口づけし、まことは地から萌えいで、正義は天から注がれます」（聖書協会共同訳）という言葉がある。私もカントやこの聖書の教えにそって、平和と法的正義とを切り離さない立場を保持してきた。だがここで重要なのは、人間（私も含めて）は、程度の差こそあれ、正義と平和を同時に満たす能力を欠いた存在であるという認識をもつことだ。力と可能性を過信する人間が、この自己認識に向き合うことは決して容易なことではない。けれども、そこからしか正義と平和への道は開かれないのだ。

◆イデオロギー（政治的観念）を思考の基軸にはしない。

歴史家はだれでも、収集する資料や情報が信頼に値するものなのかを確かめるために、一定の方法で批判的分析に基づいて歴史を再構成しようとする。つまり、イデオロギー（政治的観念）に基づいて、憶測によって事実を断定しない。それは決して易しいことではなく、「史料批判」という訓練を必要とする。

それゆえに私たちは、「反バイデン」とか「反プーチン」とか、「反米」とか「反ロシア」などの政治的観念をもったとしても、それに寄りかかって判断しない。ただし、イデオロギーには「価値・信念体系」という一面があるので、それをいい加減にして、道徳的価値判断を避けることは決して正しくない。ロシア・ウクライナ戦争は激しい情報戦・偽情報戦でもあるので、なおさらである。

1章　戦争前史——ロシアに対するウクライナの三百年におよぶ解放の闘い

ウクライナとロシアの戦争は、一八世紀以降に限ると、今回を含めて五回起きている。背景には複雑かつ微妙な関係史が絡んでいるので、その地政学的な理解なしに今回の戦争を理解することは困難である。だからといってそのことが、大国ロシアが小国ウクライナに暴力をふるってもいい理由にはならない。

◆ロシアのピョートル大帝の軍門に降ったウクライナ

一七世紀の初め、西隣りのポーランドに支配されていたウクライナは、ウクライナ・コサック〔ウクライナやロシアに存在した軍事的共同体〕のヘトマン〔頭領〕フメリニツキーの指導のもとで独立戦争を戦い、勝利すると、自治国家の建設に取りかかった。さらに、東の大国ロシアとの間で保護条約（ペレヤスラフ協定、一六五四年）を結び、ロシア皇帝に忠誠を誓った。こうしてウクライナは名実ともに独立し、コサックが指導する自治国家「ヘトマンシチーナ（ヘトマン国家）」

を建国した。

一方、北欧のバルト海に目を転じると、スウェーデンは一七世紀前半に三十年戦争に介入し、ウェストファリア条約で北ドイツなどにも領土を得て、バルト海沿岸をすべて支配する大国となっていた。一八世紀になると、ロシアはバルト海の制海権をめぐって、そのスウェーデンと「北方戦争」（一七〇〇〜一七二一年）を争った。ウクライナはそのスウェーデンと結んで、ロシアのピョートル大帝と戦った。それは、ロシアがウクライナ・ヘトマン国家の自治を徐々に制限する政策をとり続けてきたからである。だが、ウクライナはスウェーデンとともにロシアに敗れ、自治国家「ヘトマンシチーナ」はピョートル大帝の軍門に降り、歴史から姿を消した（中井和夫『ウクライナ・ナショナリズム――独立のディレンマ』東京大学出版会、一九九八年）。

◆ロシア革命軍によって踏みにじられたウクライナの独立宣言

一九一七年のロシア革命では、ウクライナで独立や自治の機運が高まり、ロシアでボルシェビキ（後のソビエト共産党）が政権を握ると、キーウには、民族統一戦線とも言うべき「ウクライナ中央ラーダ」が組織された（「ラーダ」とは会議や議会を意味する）。この中央ラーダによって、ロシア国内におけるウクライナ民族の自治権獲得を目標としたウクライナ人民共和国の独立（一九一七年十一月）を宣言する第三次宣言が公布された。

ところがソビエトは三万の軍隊を投入し、ウクライナ各地の中央ラーダ・パルチザンを圧倒的な軍事力で討伐した。首都キーウが没落する直前、一九一八年一月二十二日、中央ラーダはロシアからの完全独立を目指す第四次宣言を発表したが、ソビエトはキーウを軍事力で押しつぶし、ウクライナの独立はその後七十五年を待たなければならなかった。一九九二年の独立後のウクライナで、第四次宣言の一月二十二日が国民の祝日となった。

◆ボロドモール（一九三二〜一九三三年）：飢餓ジェノサイド

「ボロドモール」とはウクライナ語で「ホロド」（飢餓）と「モル」（殺害）の合成語で「飢餓ジェノサイド」を意味する。ロシア革命は、古くから因襲化した、圧倒的多数の農奴が大地主貴族を支える身分制を解体した。ソビエトのスターリンは徹底した農業政策コルホーズ〔農業の集団化政策〕によって農地の国有化政策をソビエト全土に実施した。それに対し、コサックの合意形成の文化のなかで育ったウクライナの農民たちは激しく抵抗したが、推定五百万人ものウクライナ農民が飢饉死に追い込まれた。

肥沃な黒土に覆われたウクライナは、古くから「ヨーロッパのパンの籠」と呼ばれるほど小麦の収穫の多い地域であった。ところが一九三一年は、ウクライナを含めてソビエト連邦全土が不作であった。この不作問題を解決するために、スターリンは集団農場（コルホーズ）の農産物はすべて国家のものとし、ウクライナ農民から収穫物を強制徴収した。農産物の備蓄は窃盗とされ、最高刑で死刑が適用された。巷には人肉取引の闇市場まで出現したという。犠牲者数は当時のウクライナ人口の約一八％、農村人口の約二五％にあたる（『悲しみの収穫・ウクライナ大飢饉――スターリンの農業集団化と飢饉テロ』恵雅堂出版、二〇〇七年）。

イギリスの歴史学者ロバート・コンクエストは、これを「スターリンによる農民戦争」と言っているが、ロシア語を母語とするウクライナ人で退職した高校教師ペトロヴィチは私に、これは「スターリンに対するウクライナ農民の農民戦争であり、ウクライナ人の歴史の記憶に刻み込まれている」と語った。

◆第二次大戦中のソ連やナチスに対するパルチザン活動

ここでは、バンデーラ父子について記す。アンドリーイ・バンデーラ（一八八二～一九四一年）は、ウクライナの独立運動の闘士ステパーン・バンデーラの父親であり、聖職者であり、西ウクライナのガリツィア地方の出身である。リヴィウ大学神学部を卒業し、ギリシア・カトリック教会の司祭になった。ナチスとソ連によるポーランド分割によって西ウクライナがソ連の一部になると、アンドリーイは息子ステパーンと共に、反ソ活動のリーダーとして働いた。そして、一九四一年五月にソ連の秘密警察によって逮捕され、処刑された。

息子ステパーン・バンデーラ（一九〇九～一九五九年）は父と共に、現在のウクライナ民族主義につながる歴史的人物である。彼は「ウクライナ国家再生宣言」を執筆した。宣言は一九四一年六月三十日に、ドイツ軍に占領されたリヴィウで読み上げられた。彼はソ連に対抗するウクライナ蜂起軍を組織し、パルチザン活動を展開した。けれどもドイツはこの宣言を危険視し、一九四一年七月に、ナチス占領当局は彼を逮捕し、ザクセンハウゼン強制収容所に拘置した。これはウクライナの地政学的悲劇としか言いようがない。その出来事によって、この二人の父子はウクライナにおける対ソと対独の双方と戦う象徴となった。

一九四四年九月、ベルリンの獄中で息子バンデーラは反ソ連武力闘争の指導を提案されたが、ナチス・ドイツとの協力を拒否し、戦後もソ連に抵抗を続けた。そして、一九五九年十月十五日、西ドイツのミュンヘンでソ連のＫＧＢスパイの手によって暗殺された。享年五十歳であった。

◆ロシアのウクライナ軍事侵攻に対するウクライナ国民の闘い

二〇二二年に始まった、この第五の戦いの背景には、次のような事情がある。すなわち、ロシアを含めた旧ソビエト領にあった十五の共和国はそれぞれ独立した国家として歩む「小ロシア主義」のエリツィン大領が退き、プーチン政権ができると、小ロシア主義が下火になり、領土要求を伴う「大ロシア主義」が勢いを増してきた。

時同じくして、ウクライナ側でも反ロシアの色彩の強い民族主義が勢いを増した。これが後に論述する二〇一四年の「マイダン政変」の土壌を造ることになり、今回のウクライナ侵攻につながったと見るのが妥当であろう。前述のロシア語を母語とするウクライナ人ペトロヴィチは、「ロシアはウクライナからクリミアを奪ったが、ウクライナを失った」と述べた。

2章　ロシアとウクライナの宗教地政学的な歴史

ロシアおよびウクライナの国際政治を理解するには、どうしても東方正教会の宗教とその地政学の歴史を理解しておく必要がある。そこで、この章では主題に不慣れな人々のために、簡略ではあるが解説する。

◆東ローマ帝国の首都コンスタンティノープルの成立

四世紀初頭にはキリスト教の「総主教座」は、ローマ帝国の首都であったローマであり、次にアレキサンドリア（現・エジプト）、アンティオキア（現・シリア）と続き、さらにコンスタンティノープルとエルサレムの教会が「総主教座」の仲間入りをする。これがキリスト教の五大本山である。ちなみに、プロテスタント教会に「総主教座」はない。

本書のテーマと深く関係するコンスタンティノープル総主教座の歴史は、紀元前三三〇年にコンスタンティヌス大帝がこの地コンスタンティノープル（現・トルコ）を「新しいローマ」として、東ローマ帝国（ビザンツ）の首都にしたことから始まる。東方正教会はこの帝国の保護のもとで、教義の面でローマ教会と激しく対抗し、ローマに劣らないエキュメニカルな神学を構築し、世界教会に貢献してきた。

ユスティニアヌス帝は『ローマ法大全』を制定するなどして、帝国の権威を高めるとともに、熱心なキリスト教の保護者として、帝都コンスタンティノープルにハギア・ソフィア大聖堂を再建し（五三七年）、そこに総主教座を置いた。一四五三年、オスマン帝国によって滅ぼされた後も、コンスタンティノープル総主教座はその権威と重要性を失うことなく、「ギリシア正教」として今日まで、ローマに次ぐ地位を守り続けている。

◆キーウ公国（キーウ・ルーシ）の始まり

九世紀ごろからギリシア正教は、ギリシア人宣教師キュリロスらの活動によってスラヴ人やブルガリア人への伝道を進め、九八八年にウクライナのキーウ公国大公ウラディミル一世が、ビザンツ皇帝の妹を后にし、ギリシア正教の洗礼を受けてビザンツ化を進めた。これがキーウ公国（キーウ・ルーシ）の始まりである。「王国」と呼ばず「ルーシ」（公国）と呼ぶのは「王国」より一段低い国家秩序によるのだが、実態は「王国」と同じであることが多い。

ところが、その後、「ルーシ」の派生語である「ロシア」が別の国家を指す言葉として使われるようになり、そのロシアとの混同を避けるため、後世になって「キーウを都とするルーシ（公国）」という意味で「キーウ・ルーシ」と呼ぶことが慣例となった。

ロシアでは、モンゴル帝国の支配（タタールの軛（くびき））の後、一三世紀にモスクワ大公国が成立し、キーウの府主教座は一三二六年にモスクワに移り、後にロシア正教会としての発展の基礎がつくられた。けれども、キーウ・ルーシを継承したのはモスクワ公国（ロシア）ではなく、コサックと彼らがつくった自治国家（ヘトマンシチーナ）であり、それが独立ウクライナへとつながっていくことになる（黒川祐次『物語ウクライナの歴史』中公新書、二〇〇二年）。

この宗教地政学的解釈、すなわち、キーウ・ルーシを継承したのはモスクワ公国であったのか、それともウクライナ・コサックのヘトマンシチーナであったのかが、ロシア・ウクライナ紛争の根底で争われている歴史問題なのである。

◆オスマン帝国支配下の総主教庁

ロシア正教を理解するうえで、オスマン帝国の宗教地政学的動向は重要である。一四五三年にイスラムを理念とするにオスマン帝国（現・トルコ）によってコンスタンティノープルが没落し、ビザンツ帝国は滅ぼされた。都はイスタンブールと改名された。オスマン帝国はコンスタンティノープルの総主教をスルタン〔イスラム教国の支配者の称号〕に対して責任をもつ代表として認めていた。しかし、オスマン帝国のスルタン、メフトメ二世（在位一四五一〜一四八一年）は、正教の総主教就任を認めるかわりに「上納金制度（ペシュケシュ）」を制定し、その金額も次第に増額し、一七世紀に総主教は五十七回も入れ替わるなど、その「権威」はスルタンの意のままに操られることとなった。

こうしたコンスタンティノープル全地総主教庁の有名無実化が進行すると、ロシアは正教キリスト教圏内で唯一の覇権を有した国家になっていった。その結果、ロシアはビザンツ文明の正統な継承者としての地位を獲得し、一方で深刻な精神的孤立を経験しながら、ローマ法、ルネサンス、そして宗教改革などの欧州的経験とは異なる独自の発展過程を歩んで行くことになる（廣岡正久『ロシア正教の千年』講談社、二〇二〇年）。

◆古儀式派（こぎしき）の「第三のローマ＝モスクワ」

一六世紀初頭、ロシアは南からのイスラムの台頭、およびコンスタンティノープルの没落を受けて、ロシア正教の中に二つの異なる反応が生まれた。それは、のちに「古儀式派」と「近代派」と呼ばれる潮流である。

古儀式派はモスクワを中心として「大ロシア」、すなわち「聖なるロシア」の信仰の伝統を守る孤立主義の道である。それはロシアの修道僧フィロフェイがイワン雷帝の父親のワシーリイ三世に宛てた書簡の中で表明した「第三のローマ＝モスクワ」という政治理論である。ローマ帝国（第一のローマ）とビザンツ帝国（第二のローマ）のキリスト教は〈真の信仰〉から逸脱したために滅亡したが、その後継国であるモスクワは「第三のローマ」として、人類史上最後のキリスト教世界帝国の首都となり、世界の終末の時に至るまで支配するという内容である。

それに対して、ニーコン総主教が率いる「近代派」は、イスラムやオスマン帝国の台頭を受けて、孤立主義ではなくローマ教皇との和解による儀式や教義の改革を求め、ピョートル大帝に「上からの改革」を期待した。その対立の背景には、ローマ・ラテン文化を基礎とする近代的文化と、ギリシア的、古スラブ的な伝統的世界との対立があった。ロシア正教会はこの宗教地政学的な対立をめぐって深刻な神学論争を引き起こし、ついに一六六六年、「古儀式派」と「近代派」とに分裂した。

こうして古儀式派は、モスクワからサンクトペテルブルグに都を移してヨーロッパに窓を開いたピョートル大帝の帝国と、ニーコン総主教の正教を「アンチ・クリスト（反キリスト）」として厳しく断罪した。その結果、ロシア帝国はニーコンの正教を国教として、古儀式派の教会を厳しく弾圧した。教会を解体された古儀式派は分裂しながら、皮肉なことに、西欧の宗教改革左派のアナバプテスト（会衆派教会）にも似た「無僧派」と呼ばれる万人祭司主義の地下小集団が全国的に形成されていった。無僧派によれば、ニーコンの改革の結果、ロシアには真の教会も、秘跡も、聖職者もいなくなったから、一切の教会の聖礼典は意味がなく、人はだれでも祈りによって神とじかに接することができる、と認識したのである。

こうしてロシア帝国内に巨大な抵抗勢力が根を下ろした。若き頃ロシア革命に参加し、その後レーニンに追われてフランスに亡命したベルジャーエフは、「ピョートルは『上からの革命家』であって、したがって彼がボルシェヴィキ（ロシア共産主義）の原型と考えられたのも不思議ではない。……ピョートルとレーニンとを、さらにピョートルの改革とボルシェヴィキの改革とを比較することも可能であろう」と両者の類似性を語る（ベルジャーエフ『ベルジャーエフ著作集七　ロシア共産主義の歴史と意味』白水社、一九六〇年）。

また、ロシア政治の研究家・下斗米（しもとまい）伸夫は、「古儀式派の潮流は二〇世紀を生き延びて、その後のロシア革命で蘇生する。これが二〇世紀当初のソビエトという自治国家の原型となったと考えられる」と指摘する（『宗教・地政学から読むロシア　「第三のローマ」をめざすプーチン』日本経済新聞出版社、二〇一六年）。

◆ボルシェヴィキ（ソビエト共産党）によるロシア正教会の破壊と再生

ロシア正教会は一九一七年のロシア革命以来、その反宗教政策によって迫害を受け、多くの主教が西側に逃れた。コンスタンティノープル全地総主教庁はそれを支援してきた。

「官許正教」としてのロシア正教会は、帝国から手厚い保護と特権を享受していた。その結果、多くの教会指導者たちは帝政崩壊と革命のただ中にあってさえ、ロシアに生起しつつあった深刻な宗教地政学的な変化に有効に対処することも、ボルシェヴィキ派の台頭の意味を理解することもできなかった。

ボルシェヴィキ体制下のソビエトでは、ロシア革命当初、ロシア正教会は三万の教会、百六十三人の主教、六万人の司祭、そして数千万の信徒を擁していた。しかし、強制的な教会閉鎖が始まると教会は半減した。一九三二年になると、「戦闘的無神論者同盟」が積極的な反宗教闘争を展開しはじめた。「反イースター」、「反クリスマス」キャンペーンといった運動である。ロシア正教会はますます勢力を失い、一九三三年には活動している教会は革命前の一五～二五％にまで激減した。壊滅的な教会攻撃はこれに留まらなかった。レニングラード（現・サンクトペテルブルグ）では、かつて四百一あった正教会が五つまで減少した。教会攻撃がもたらした聖職者の犠牲も戦慄すべきものである。結局、一九三〇年代の十年間に三～四万人のロシア正教会聖職者が銃殺されるか、もしくは収監されたと見られている。また、修道院から追放された修道士や尼僧などもシベリアの監獄や強制収容所に流刑され、あるいは射殺された（廣岡正久、前掲書）。

◆現在のコンスタンティノープル総主教庁

かつて強大な権勢を誇っていたコンスタンティノープル全地総主教庁は、今日、トルコ領内にひっそりと残存している。全地総主教庁の政治的役割はもはや過去のものとなったが、ロシア正教会と断交しているにせよ、東方正教会全般に対するコンスタンティノープルの権威はいまも健在である。正式名称である「新ローマなるコンスタンティノープルの大主教にして全地総主教」の管轄下にはトルコの四つの主教区（全体で信徒わずか一万）と、ロードス島などの島々、「修道院共和国」と呼ばれる聖山アトスの修道院などが属し、クレタ島は半自治的教区となっている。

一九六五年十二月七日、ローマ・カトリック教会の第二バチカン公会議のさなか、コンスタンティノープル総主教アテナゴラス一世は、ローマ教皇パウロ六世と会談し、一〇五四年の「教会の東西分裂」以来の相互破門をようやく破棄することで合意し、九百十一年ぶりに和解が成立した。現在、ロシア正教会は、ウクライナ正教会の独立問題をめぐって、コンスタンティノープル全地総主教庁とは断交しているが、両者ともに世界教会協議会（ＷＣＣ）に所属しており、コンスタンティノープル全地総主教庁はエキュメニカル運動に熱心に取り組んでいる。

◆ロシア正教とウクライナ

二〇一四年二月、「マイダン政変」で親ロシア派のヤヌコヴィッチ政権が倒れると、ロシアによるクリミア併合、それに続くドンバス地方（ウクライナ東部）へのロシア軍の介入で双方とも多くの死傷者を出した。こうしてロシア・ウクライナ戦争は始まった。そのとき、ロシア正教キリル総主教は「ドンバスのロシア人を救出する」ことを条件に、ロシアの軍事介入を支持した。ロシア正教会はウクライナ正教会と激しく対立し、ウクライナ正教会はモスクワからの分離独立を目指しはじめた。

他方、キリルやプーチンにとって、ロシア正教会に忠誠を誓っていたウクライナ正教会の多数派が分離独立することは、ロシア正教会、さらにはロシア世界に深刻な危機をもたらしかねない。ここにプーチンとキリルとの政教利害の一致が生じており、これが今回の戦争の宗教地政学的な背景として考えられる（Nicholas E. Denysenko, *The Orthodox Church in Ukraine: A Century of Separation.* Northern Illinois Univ Pr, 2018）。

ウクライナの正教信徒の間で、それまで、自分の通う教会がモスクワ総主教庁に属すべきなのか、モスクワを離れ、キーウ総主教庁に属すべきなのか、関心がもたれ始めた。こうして、ウクライナ正教会は明確にウクライナ派とロシア派に分裂していった。

ロシア正教以外のさまざまな東方正教会のみならず、カトリックもプロテスタントも「東方正教会を代表するのは、全地総主教であるコンスタンティノープルである」という認識をもっているが、ロシアのキリル総主教は、東方正教会を代表するのはモスクワのロシア正教会であると主張する。

◆ポロシェンコ大統領の介入

政治が宗教に干渉することについて政府内でも批判があったが、ウクライナのペトロ・ポロシェンコ大統領（当時）は、ロシアがウクライナに対する影響力を保持するための道具としてモスクワ総主教庁の管理下にあるウクライナ正教会を利用している以上、これは政治問題であるとの認識に基づいて、二〇一八年にコンスタンティノープルを訪れ、バルトロメオ全地総主教の意向を確かめた。大統領の質問に、バルトロメオは次の三点を明示した（Nicholas E. Denysenko, 前掲書）。

①私たち（コンスタンティノープル）は、一六世紀のモスクワ総主教庁設立も私たちの有する権限で行った。一七世紀に、ウクライナの正教会の管轄権をモスクワに与えたが、これも私たちの権限で行った。このコンスタンティノープルの権限は、五世紀のカルケドン公会議（コンスタンティノープルの郊外）において、スラヴを管轄するためにコンスタンティノープルに与えられた特権であり、現在も有効である。

②ウクライナに存在する三つの正教会（モスクワ系、キーウ系、独立系）が合同でウクライナ独立教会樹立の許可願いをコンスタンティノープルに出すがよい。

③ウクライナ政府も、同様の許可願いをコンスタンティノープルに提出する必要がある。

これを受けてウクライナのポロシェンコ大統領（当時）はこの政策を実行に移した。当然、この動きにプーチンとキリルは猛反発した。二〇一八年八月末には、キリル自らがコンスタンティノープルに乗り込み、バルトロメオ全地総主教に翻意を促した。キリルの部下であるモスクワのヒラリオン主教は、ローマ教皇のみならず各国の宗教指導者に会って、独立阻止の働きかけを行った。プーチンも欧州首脳が出席する会議などで、ウクライナ正教の独立がいかに危険なものであるかを訴えたが、政教分離を建前とする西欧の首脳たちを説得することはできなかった。

二〇一八年十月モスクワ総主教庁は、コンスタンティノープル総主教庁に対して関係断絶を発表する。ロシアの政府と教会が一体となって、これほどまでに反対した理由について、元ウクライナ大使の角茂樹は次の五つの理由をあげている（『ウクライナ侵攻とロシア正教会』河出書房新社、二〇二二年）。

①モスクワ総主教は、キーウ公国（ルーシー）の主教座、すなわちイエスの使徒アンデレによって建てられた伝承を保持することにより、コンスタンティノープルと並ぶ権威があることを示せた。

②ところが、ウクライナ正教会との断絶が起こるとその説明ができなくなり、モスクワ総主教庁はせいぜいモスクワに府主教庁が移った一四世紀につくられた「新興宗教」となってしまう。これでは、使徒継承を誇るローマ、コンスタンティノープル、エルサレム、アレキサンドリア、アンティオキアといった古代五大教会の権威に到底かなわない。
③プーチンの「ロシアとウクライナの民族宗教的一体性」のイデオロギーに立てば、ウクライナとロシアとは宗教的一体の証左として、モスクワ総主教庁を母教会とする一つの教会である必要がある。
④世界最大の正教会を自任するモスクワ総主教庁にとって、ウクライナを失うことは、信徒の三分の一を手放すことになり、ウクライナ南東部のロシア語を母語とする多くの人々を失うことになる。
⑤ウクライナには一一世紀にさかのぼる数多くの正教会の聖地があり、その多くはこれまでモスクワ総主教庁の管理下に置かれていた。これらが新しく誕生したウクライナ正教会に移管することになれば、モスクワは多くの聖地を失うことになる。

◆モスクワ総主教庁とキーウ総主教庁を抱えるウクライナ正教

二〇一八年十二月、キーウのソフィア大聖堂において、キーウ総主教庁、ウクライナ独立正教会、モスクワ総主教庁から各々二名の代表が参加して、教会会議（シノッド）が開かれた。ここで、三つに分かれていたウクライナ正教会が一致した意見として、コンスタンティノープル全地総主教に独立教会設立の認可を求めることが決定された。こうして二〇一九年一月、ウクライナに、教会法上、合法的な独立教会が誕生した。

けれどもモスクワ総主教庁は、この会議に自らが派遣した二名の主教を破門にし、この決定は「無効」であると宣言した。さらにこの決定を不服として、コンスタンティノープル全地総主教、ギリシア正教会、アレキサンドリア正教会、キプロス正教会に対して絶交を宣言し、この事件を信教の自由の侵害としてウクライナの憲法裁判所に訴えた。裁判所の判決はモスクワの勝訴で終わった。こうしてウクライナにはいまも、モスクワ総主教庁とキーウ総主教庁の二つのウクライナ正教が存在する（廣岡正久、前掲書「学術文庫版のための補足」）。

私は次のように考える。キリル総主教がモスクワを「第三のローマ」として世界の正教会の中心にしたいというビジョンをもっているなら、和解と正義を求めるミッションを果たさねばならない。そうであるにもかかわらず、彼は公然とプーチンの戦争を支持した。この過ちは世界の東方正教会のみならず、キリスト教会に癒やしがたい傷を与えただけでなく、世界の人々の間にキリスト教会に対する不信を醸成した。ここに、宗教が国家に対する良心の声であることに堪えられず、安易に国家と結びつく時に生じる「疑似宗教カルト」への逸脱が明らかにされる。

◆ロシアとウクライナの正教が問われているもの

一六八六年にコンスタンティノープル総主教庁は、ウクライナ正教会がモスクワ総主教庁の管轄に属すると決定した。今回、それを撤回し、ウクライナ正教会に自治権を与えた。これは単なる宗教問題にとどまらず、「NATOとロシアの代理戦争」（佐藤優）とまではいかなくても、高度に宗教地政学的な色彩を帯びた闘争なのである。

特定の宗教とひとつになる国家は――イスラムの国家論についてはここでは触れない――、国家の自己絶対化というよりも、むしろ国家の自己放棄であり、国家が己（おのれ）を逸脱し、本来の任務を放棄した国家、すなわち「カルト的国家」なのである。なぜなら、宗教に対する国家の務めとは宗教的真理を問うものでなく、さまざまな形態において真実が正義に基づいて表現されることを法的に保障する責任をもった行政機構であるからだ。思想的にはそこから政教分離の原則が派生する。国が特定の宗教に特権を与えない政教分離の原則は、本をただせば、人々の信教の自由を保障するためのものなのである。カール・バルトは言う。

「国家は〔その本性からして〕、真実な本来の人権である『唯一ニシテ不可欠ノ権限』ius unum et necessarium、すなわち義認を宣教する自由権を、建てることもできないということを、教会は知っている。それゆえに、教会は、それがどのような場合にもなされることを、求めるのである。」

（「義認と法」『カール・バルト著作集六』所収、井上良雄訳、新教出版社、一九六九年）

日本の学者たちの間には、日本と社会学的な前提が異なるドイツ語圏の言説を参考にしても、そのような政治神学は有効性をもたない、などと言う者たちがいる。しかし、そうではない。この政治神学は、その社会が「キリスト教的社会」であるか否かに関わりなく、普遍性をもつ学説であることは日本の近代史が実証している。いまキリルのロシア正教が、その問いに問われているのである。

3章　プーチンとロシア知識人の「ウクライナ蔑視」

大国の国民が近隣の小国民を蔑視し、さらにその小国が自国の少数者を差別することは、いつの時代でも行われてきた。日本も沖縄人、朝鮮人、中国人、アイヌ先住民を見下げてきた。この潮流は日本において、超国家主義の元祖とも言うべき山鹿素行（やまがそこう）（一六二二〜一六八五年）にさかのぼる（「中朝事実」一六六九年『日本思想体系32　山鹿素行』所収、岩波書店）。当時、中国は自らを「中華」と称して、世界の中央に位置する中朝国（the central dynastic nation of the world）であるとし、他国をすべて蛮国とみなしていた。ところが、素行はそれに異を唱え、日本こそ文化的にも政治的にも「中華」と呼ばれるに値する「中朝国」であるとした。この思想は後に、吉田松陰をはじめとする尊王攘夷派の武士たちに大きな影響を与えたのである。プーチン・ロシアを特殊化しないために、ここに日本と中国の例を挙げた。ここでロシアの実例を見てみよう。

◆ウラジーミル・プーチン

「ウクライナ人は実在せず、ウクライナ国家は欧米の国々によって政治的・人為的に生み出されたもの」との考えは、ロシアの文化、文学、政治の主流として古くから存在する。ロシアのリベラル・反体制派でさえ、ウクライナに対するプーチンの見解を共有している。

プーチン大統領は二〇二一年七月十二日に、ウクライナに関する彼自身の見解を論文 "Article by Vladimir Putin 'On the Historical Unity of Russians and Ukrainians'."（「ロシア人とウクライナ人の歴史的一体性について」）において発表した。その論文は、ウクライナ侵攻の準備を進めていたロシア兵を前に読み上げられた。

論文の内容は大ロシア主義を鼓舞するもので、ロシアとウクライナのつながりを中世にまでさかのぼり、ロシアがなぜウクライナにこだわるのかを説明している。結論的に、以下のようにプーチンは考えている。

「私は、ウクライナの真の主権はロシアとのパートナーシップにおいてのみ可能であると確信しています。私たちの霊的、人間的、文明的な結びつきは何世紀にもわたって形成され、同じ源泉に起源があり、共通の試練、成果、勝利によって確かなものとされてきました。私たちの家族関係は世代から世代へと受け継がれてきました。何百万もの家族を結びつけるものは、現代のロシアとウクライナに住む人々の心と記憶の中に、私たちの血のつながりの中にあるのです。」

プーチンのこの論文は、ロシア市民の間で、いまもなぜウクライナ侵攻に対する支持が途絶えないのかを理解する一助となる。プーチンが民族・言語問題を論じるのは、ウクライナにおけるロシア語を母語とするウクライナ国籍をもつ千二百万人（全ウクライナ人口四千五百万人）の存在である。彼は二〇〇七年、アレクサンドル・ソルジェニーツィンが死去する一年前に自宅を訪れており、ロシア最高位の勲章を授与した。プーチンはその際、ロシア政府の政策の一部はソルジェニーツィンの思想にヒントを得たものだと述べている。

ウクライナとロシアの一体性という発想は、プーチン自身が認めているように、ロシア主義の思想家から習い取ったものだ。そのひとりがアレクサンドル・ドゥーギンの「ユーラシア主義」であると言われている。「ユーラシア」という言葉は「ヨーロッパとアジアの地政学的な中間領域」という意味であろう。プーチンにとって、そのユーラシア主義の担い手は、他ならぬ、ロシア、ウクライナ、ベラルーシなどのスラブ民族である。

これら三つの国民には、思想的類似性はあっても歴史的関連性はないという人もいる。そのスラブ主義の発展はロシア正教と手に手を携えながら、発展し、洗練されてきた経緯がある。そのような民族主義的・宗教地政学的な思想をプーチン大統領が改めて採用したと言える。

◆アレクサンドル・ソルジェニーツィン（一九一八〜二〇〇八年）

「暴力はそれ自体だけでは生きていけない。常に嘘（うそ）と結びついている。嘘だけが暴力を隠すことができ、暴力だけが嘘をつき通すことを可能にする。」

（東京新聞社説「嘘と暴力の共犯関係」二〇二二年四月三日）

これは、アレクサンドル・ソルジェニーツィンが一九七〇年にノーベル文学賞を受賞した時の記念講演の一節である。東西冷戦の中でソビエト政権に迫害され、欧米社会の支持を得たが、帝政ロシアを讃えるその思想は、ソ連体制はもちろんのこと、欧米の民主主義とも対立するものであり、むしろプーチン政権の強権的な体質に重なる。ソルジェニーツィンが西側社会と立場を共にしたのは、反ソビエトというイデオロギーだけだ。事実、彼の保守性や反ユダヤ性は、西側社会から批判されてきた。

「わが民族が三つに枝分かれしたのは、あの蒙古襲来というおそろしい災難のためと、ポーランドの植民地になったためである。ロシア語とは違う別の言語を話していたウクライナ民族がすでに九世紀頃から存在していたという説は、最近になってつくられたまっ赤な嘘である。われわれ全員があの高貴なキエフ・ロシアから出ている。」

（ソルジェニーツィン『甦れ、わがロシアよ』木村浩訳、日本放送出版協会、一九九〇年）

ここで言われている「わが民族が三つに枝分かれした」とは、「偉大なるスラブ」がロシア、ウクライナ、ベラルーシの三つの国民国家に分かれたという意味である。ソルジェニーツィンは大ロシア主義の持ち主である。荒廃した一九九〇年代の祖国を目の当たりにして、彼はロシア正教を精神の基盤とした大スラブ連合を提唱した。この考えは、スラブ三か国を一体と見なすプーチンと通底している。

◆アレクサンドル・ドゥーギン（一九六二年〜）

ドゥーギンは『地政学の基礎』（一九九九年）と『第四の政治理論』（二〇一四年）の二つの著作、それに歯に衣着せぬ言い方で、たしかに現代ロシアの政治思想をリードしている。特に『地政学の基礎』はロシアの幕僚学校の教科書にもなっているようだ。

彼は、旧約聖書に登場する陸の怪物ベヘモットと海の怪物レビヤタン（ヨブ記四〇章）のメタファーを用いて世界の二極対立を説明する。この陸と海の二極対立は古代から現在に至るまで、世界の構造を規定する普遍的対立なのである。かつて大陸勢力を代表したソビエトは冷戦に敗れたが、継承国であるロシアが新たなユーラシアブロックを形成し、海洋勢力であるアメリカ（NATO）の一極支配と拮抗するような新しい二極構造を形成することこそが「ネオ・ユーラシア主義」（＝大ロシア主義）の目標である（黒岩幸子「書評 アレクサンドル・ドゥーギン『地政学の基礎ロシア地政学的未来／空間をもって思考する』」「総合政策」第四巻第一号）。

ドゥーギンによれば、ウクライナは異常であり、文化的または地政学的アイデンティティを持たないため、独立国家として存在すべきではない。彼はロシアの通信社のインタビューで「ウクライナ人は殺されて、殺されて、殺されなければならない！」「これ以上の推論は必要ない、と言う。私は教授としてこれを伝える」と答えた。この発言が問題視され、彼はモスクワ国立大学の教授職を失うことになる（チャールズ・クローヴァー『ユーラシアニズム――ロシア新ナショナリズムの台頭』NHK出版、二〇一六年）。さらにこの発言は西側諸国にも飛び火すると、ドゥーギンの名は制裁対象人物のリストに加えられることになった。

正教問題では、彼はモスクワ総主教庁の拡張主義政策を支持し、「キエフ総主教庁」がモスクワから独立するなどとんでもない話と一蹴する。さらにロシアがそのリーダーである「正教世界」（Orthodox world）の概念を提唱している。

◆ラーザリ・カガノーヴィチ（一八九三～一九九一年）

カガノーヴィチは一八九三年、ロシア帝国時代のウクライナ・キエフ県の農村で、ユダヤ人の両親の元に生まれた。十八歳の時ボリシェヴィキに入党。その後、数々の反帝政活動の闘志としてロシア革命の前衛で頭角を現し、スターリンの側近として絶大な信頼を勝ち得た。カガノーヴィチは、スターリンに完全に同意しない者は徹底的に粛清されるべきという原則をもってスターリンに従った。

一九二四年、カガノーヴィチはソビエト中央委員会の委員のひとりとなった。その働きが評価されて、一九二五年から一九二八年にかけて、彼はウクライナ共産党第一書記の地位を獲得した（Stuart Kahan, *The Wolf of the Kremlin: The First Biography of L.M. Kaganovich, the Soviet Union's Architect of Fear*, William Morrow & Co, 1987）。

カガノーヴィチはクラーク（富農）に対する異常なまでの経済的抑圧を加え、集団農業化政策（コルホーズ）を徹底し、ウクライナ文化の破壊とソビエト化を推進し、多くの党官僚が「ウクライナ民族主義者」として粛清された。その結果、一九三二年から一九三三年にかけて、カガノーヴィチはスターリンと共に、数百万のウクライナ人を餓死へと追い込んだ、ホロドモール（飢饉による大虐殺）の第一責任を負うべき人物なのである。そんなわけで、あるウクライナの退職歴史教師は彼を「ロシアのゲーリング（ヒトラーの腹心）」と呼んでいる。

◆内なる他者を確認できなかった指導者たち

私がここで取り上げた四人の歴史的人物は、共通して並外れた野心と願望の持ち主であるが、いずれも近代西欧の代表的な価値観である民主主義や人権思想を全面的に批判する人たちである。けれども、彼らは自分とは異なったアイデンティティを持つ同族のウクライナ人を承認することができなかった。

その近代西欧を代表するM・ウェバーとM・フーコーは、自らの近代主義批判に基づいて、近代国家（国民国家）という新しい秩序の形成が、あくまで自己と異なる他者を排除することによってしか成り立たないと指摘した。パレスティナの社会学者E・サイードは、ウェバーとフーコーのこの議論に学びつつ、西欧文化の宿痾（しゅくあ）を「オリエンタリズム」という概念で明示した。サイードはこの概念を「東洋（オリエント／スラブ）に対する西洋の思考と支配の様式」として捉え直した。こうして、観察し支配する西洋は文明と先進を代表しており、観察され、支配される東洋は野蛮と後進を代表していることになる。

私は、右の概念で四人のロシア系指導者を分析する。すなわち、彼らが寄り掛かる「大ロシア主義」とか「ユーラシアニズム」は、事実として、モンゴル系、カザフスタンなどの中央アジア系民族、アゼルバイジャンやアルメニアのコーカサス系民族、ウクライナやベラルーシのスラブ系民族を、《異なるアイデンティティをもつ内なる他者》として承認できず、彼らを同化と排除の論理で支配した。それはまさに、西洋が東洋の人間に関心をもたなかったのと表裏一体をなす仕方で、また、「日本帝国」という新しい近代国家が周辺諸国の人間を下等な存在として植民地化したように、ここでは「命の序列化」という近代的宿痾が問題となっているのである。

4章　プーチン大統領の開戦演説を読み解く

　プーチンが二〇二一年七月十二日に発表した汎ロシア主義の論文「ロシア人とウクライナ人の歴史的一体性について」が理論編であるならば、二〇二二年二月二十四日に布告されたこの「開戦演説」は実践編として読むことができる。この演説で、プーチンはロシア国民に対して、ウクライナに対する「特別軍事作戦」の実施理由とその目的をいくつかの角度から表明した。そのメッセージは直接的には「ロシア国民に対して」語られたのであるが、間接的には、ウクライナおよびNATO諸国をはじめ、全世界に発信された「ロシアの弁明」である。

　この演説には歴史認識として問題ある箇所がいくつかあるが、それは国家が軍事行動を正当化するためには必要なレトリックなのだろう。けれども、演説原稿には、私たちが耳を傾けなければならない主張がいくつか散見される。そこでこの章では、この宣戦布告文書に表された「特別軍事作戦」の目的は何か、その文書における誤った歴史認識とは何か、そして――戦争政策を否定しつつも――私たちが耳を傾けなければならない論点とは何か、について記述しようと思う。

そこでまず、軍事行動の目的を四つの項目にまとめてみた。

◆**「特別軍事作戦」の四つの目的**(**開戦演説より**)

(1)**ロシアにとっての重大な安全保障問題**・国連憲章第五一条の「個別的又は集団的自衛の固有の権利」にしたがって、我々(ロシア)は二日前(二月二十二日)にロシア連邦議会が批准したドネツク人民共和国とルハンスク人民共和国(ロシアと国境を接する東ウクライナのドンバス地方の二州)との友好および協力に関する条約を履行するため、「特別軍事作戦」を実施する決定を下した。

(2)**ウクライナの人々の権利と自由を守るため**・我々の「特別軍事作戦」はウクライナの〝占領〟ではなく、テロリストの脅威からウクライナの人々の権利と自由を守るための行動である。

(3)**NATOの東方拡大を阻止するため**・NATOは一インチたりとも東に拡大しないと、アメリカは我々に約束したにもかかわらず、その約束を破った。こうして、欧米はロシアに対して、冷笑的な欺まんと嘘、圧迫と恐喝を試み、ロシア人の魂に深い傷を負わせてきた。我々は再び西欧諸国の侵略に抗戦しなければならない。

(4)**「ネオナチであるウクライナ民族主義者」に対する闘争**・大祖国戦争(第二次世界大戦)の際、ウクライナの虐殺者(ナチス)たちは無防備な人々を公然と殺したが、〔いま〕ウクライナの地でヒトラーの後継者たちが行っているロシアと戦う企てに対抗しなければならない。

◆誤った歴史認識

プーチンの演説は、不安と恐れと怒りの衝動で書かれている。彼は一九九〇年代、チェチェンやグルジア（ジョージア）の武装勢力を「テロリスト」として軍事力で徹底的にせん滅し、北コーカサスの乱を圧倒的な武力で鎮圧したことで、「ロシアの一体性と安全、発展、存在を守り抜いた」と豪語しているが、ウクライナ軍がウクライナ国内の反政府武装勢力を攻撃することについて、プーチンは許さない。演説はこの矛盾に全く触れていない。

さらに、ロシアは世界で最大の核保有国であり、ミサイルなどの最新鋭兵器においても一定の優位性を保っているので、アメリカはその同盟諸国の力をもってしても、ロシアを負かすことができないと威嚇し、「ロシアに対して直接攻撃する国は、壊滅と悲惨な結果が待っているであろう」と脅迫している。これは明らかに「武力による威嚇」であって、国連憲章第一章第二条第四項「すべての加盟国は、その国際関係において、武力による威嚇又は武力の行使を、いかなる国の領土保全又は政治的独立に対するものも、また、国際連合の目的と両立しない他のいかなる方法によるものも慎まなければならない」に対する違反である。

演説の終わりに、ゼレンスキー政権とその国軍との分断を目ざして、「これから起こりうる流血のすべての責任は、全面的に、完全に、ウクライナの領土を統治する権力者たちにある」と前置きして、ウクライナの軍人・兵士たちは政権の命令に背を向け、武器を置き、戦場を離れ、家族のもとへ帰るがよい、と結ぶ。

この「結び」は典型的な情報戦の一部であった。特に首都キーウを目ざして侵攻して来たロシア兵は、それまで聞かされていた「ウクライナ人の親ロシア感情」のひとかけらもない民衆の抵抗に遭遇し、戦意をくじかれた。それがゼレンスキー暗殺作戦とキーウ攻略の失敗、およびイルピンやブチャでの虐殺に連動したと言われている。

ちなみに、言わせていただければ、戦争開始から二日目に「ゼレンスキー大統領は国外へ亡命した」という偽情報がモスクワから、各国のロシア大使館を通して全世界に流された。多くのウクライナ市民がこの情報に動揺した。二〇二二年三月のウクライナ訪問で、私は「あなたはこの情報を信じたか?」という質問をさまざまな人に投げかけてみた。

「信じたくないが、『そうかと思って』受け入れた」

「失意のどん底に突き落とされた」

「『ゼレンスキーよ、お前もか!』と思った」

「この情報で親戚はポーランドへ避難を決めた」

「彼(ゼレンスキー)らしい行動だ」など、さまざまな人がこの偽情報を信じたり、振り回されたりしたという応答が返ってきた。

ところがひとりの老人はまったく違っていた。「俺は信じなかった、なぜか、これはモスクワの匂いがする情報だったからだ。」このウクライナ老人は、ソビエト時代にソ連陸軍の情報将校の経験から、その「匂い」を嗅ぎ分けたという。

◆傾聴すべき論点

以上の開戦演説において、私たちが耳を傾ける必要のある論点が三つあると、私は思った。

(1)約束の反故・「NATO軍は一インチたりとも東に拡大しない」

一九九〇年二月九日に、米国のジェイムズ・ベイカー国務長官はソ連のミハイル・ゴルバチョフ書記長に対して、「NATO軍の管轄は一インチたりとも東に拡大しない」と発言した（「一インチ発言」）。翌日、西独のハンス・ゲンシャー外相やヘルムート・コール首相も訪ソして同趣旨の発言をしている。NATOのマンフレート・ヴェルナー事務総長も同年五月に「NATO軍を西ドイツの領域の外には配備しない用意がある」と演説した（朝日新聞Digital, 二〇二二年四月二十一日）。

(2)「プーチン・ロシアの弱体化」

さらにプーチンは、アメリカがNATOを対外政策の道具として使い、ロシアを封じ込め、「反ロシア」の地政学的共同体を作ろうとしており、ロシアにとってそれは生死を分ける問題であるという、言説である。確かにプーチンの言葉は決して被害妄想ではない。事実、バイデン自身がウクライナ戦争を「プーチン・ロシアの弱体化」を目指すとの目標を、しばしば記者会見で表明している。さらに、アメリカの保守系ウェブサイトで反ネオコン（反・新保守主義）を旗印とする The American Conservative（アメリカの保守）は、二〇二二年四月十四日、「ワシントンはウクライナ人が最後の一人になるまでロシアと戦う」と題するバイデン批判を発表している。

(3) 敗者への見下し

欧米はロシアを「冷戦の敗者」として見下してきたというプーチンの主張は、決して的外れな認識ではないと思う。私の友人のロシア人は次のよう教えてくれた。

「アメリカの歴代大統領をはじめ西欧の指導者の多くは、ロシアを『冷戦の敗戦国』と見なしてきました。この『見なし』は『敗戦国は、あなたの国の政府（日本）のように卑屈になっておとなしく、アメリカに従うべきだ』というような、覇者の驕（おご）りから来ているようです。私は、この点についてプーチンと同様の見解をもっていますが、そこからは袂を分かちます。すなわち、冷戦に勝利したのは、欧米ではなく、ゴルバチョフと彼のペレストロイカ〔ゴルバチョフが書記長に就任後、ソビエト連邦で行われた改革のこと〕を支持した私たちロシアの民衆なのです。ロシアの人々がこの認識を再び共有できる日が来ることを私は信じています。」

私は友人のこの歴史認識に触れて、それまで見えなかった新しい視野が開けた。けれども、プーチンの演説原稿を読むかぎり、旧ソ連の諜報機関ＫＧＢのエージェントとして、プーチン自身が支えたソビエト連邦の崩壊の歴史的原因について検証した形跡は全く見当たらない。だから彼は、ピョートル大帝を絶賛したり、スターリンを再評価したりできるのだろう。

このことは、私たちの国が国民意識において、「終戦」を認めても、「敗戦」を検証することができず、戦前の意識との連続性を「天皇制」によって保ち続けてきたことと重なる。

5章　ウクライナ独立から荒れ野の三十年

既述した開戦演説で、プーチンは「マイダン政変」(五五頁参照)について、次のように語っている。「二〇一四年にウクライナでクーデターを起こした勢力が権力を乗っ取り、お飾りの選挙手続きによって政権を維持し、紛争の平和的解決を完全に拒否したのを、私たちは目にした。終わりの見えない長い八年もの間、私たちは、事態が平和的・政治的手段によって解決されるよう、あらゆる手を尽くしてきた」と。

そこで私たちは本章において、信頼できる資料に基づいて、プーチンのこの物語のどこに信憑性があり、何が信憑性に欠けているかを、一九九一年の独立から荒れ野の三十余年間の出来事を素描することによって確認してみたいと思う。

◆新生ウクライナの資本主義化にともなう困難な経済状況

一九九二年六月三日に、旧ソ連の継承国であったロシア連邦と旧ソ連から独立したウクライナ共和国は、ともに国際通貨基金（ＩＭＦ）に加盟し、ＩＭＦの融資条件（conditionality）の下に、資本主義システムへの切り替えを強要され、資金の借入を行った。ウクライナが受け入れたＩＭＦの融資条件とは、規制緩和、民営化、そしてマクロ経済（金融や国内総生産などの変数による総需要管理政策）の安定であった。

規制緩和によって、為替制度は変動相場制に移行し、ウクライナの通貨フリヴニャの価値が大幅に下落した。民営化の掛け声の下に、ロシアのオリガルヒ（新興財閥）や欧米資本が暗躍し、国営企業が入札にかけられて低価格で民間企業に売却され、貧富の格差が広がった。さらに社会福祉の水準が引き下げられ、住宅や公共料金に対する補助金が廃止された。そして、低い労賃を売りにする経済モデルができ上った。

二〇一四年当時のヴィクトル・ヤヌコヴィチ大統領は、ロシアとの関税同盟や安価な石油・ガス・エネルギーを犠牲にしてまでＥＵ加盟はウクライナ経済にメリットがないと判断していた。さらにウクライナの地政学的な国益は、ロシアと西欧の双方に対して友好関係を維持しつつ中立政策をとることであると訴えた。仮にＥＵとの提携協定に署名すれば、ＥＵからウクライナへ輸入される製品の七二％について、即座に輸入関税が廃止されることになる。この結果、競争力の乏しいウクライナの産業は、最後に残った東ウクライナの国営企業を含め、壊滅的な打撃を受けることが確実であると言われていた。

実際、ウクライナの貿易相手の六〇%以上はロシアなどの旧ソ連邦諸国である。するとロシアはウクライナ経由でEUの製品が自国に流れ込んでくることを防ぐため、ウクライナからの輸入品に対して関税をかけることが予想され、結果的にウクライナの工業製品は主要な輸出先を失う。さらに競争力がないためにEUには輸出できないという事態が予想された（キャノングローバル戦略研究所〔CIGS〕の研究主幹小手川大助氏の研究を参照。https://cigs.canon/article/2014 0410_2494.html）。

◆親ロシア派（非同盟）のヤヌコヴィチの当選

二〇一〇年の大統領選挙は、いかにすればこの深刻な経済状況を打開することが可能かという課題をめぐる選挙でもあった。ヤヌコヴィチ候補はウクライナ東部の出身で、ロシア語を母語として話す親ロシア派であった。一方、ユーリヤ・ティモシェンコ候補は、バルト三国のラトヴィア出身で、ロシア語を母語とする「西欧派」の政治家・資産家であった。

ウクライナ国民はヤヌコヴィチを大統領に選んだ。左ページの地図は、二〇一〇年のウクライナの大統領選挙の投票傾向を記した地政学的な地図である。ねずみ色の濃淡で描かれている東南地方の住民の多くはロシア語を母語とするウクライナ人であるが、分離主義者ではない。政治的にはロシアとの関係を大切にする人々である。その多数がヤヌコヴィチに投票した。黒色の濃淡で描かれている北西地方の多数はウクライナ語を母語とするウクライナ人であり、政治的には親西欧派が多く、その多数派がティモシェンコに投票した諸州である。

ひと目見て明らかなとおり、東南地方はロシアとの政治・経済的な関係を深めようとする傾向があるのに対して、北西地方では西欧との政治・経済関係を優先するという、二極分解にさらされてきた国であることがわかると思う。この問題は、すでに触れたことだが、ウクライナが入れ替わり立ち替わり、外国勢力の侵略を受け続けてきた歴史と深く関係している。

「マイダン政変」とは何であったのか

シリア危機が中東を揺るがせていたとき、ヤヌコヴィチ大統領は、懸案のＥＵ連携協定とロシアのガス代金による経済援助とを両天秤にかけるという強か（したた）な政策をとっていた。ところが二〇一三年十一月、ＥＵとの連携協定の調印を公式に延期した。そのことをきっかけに、翌

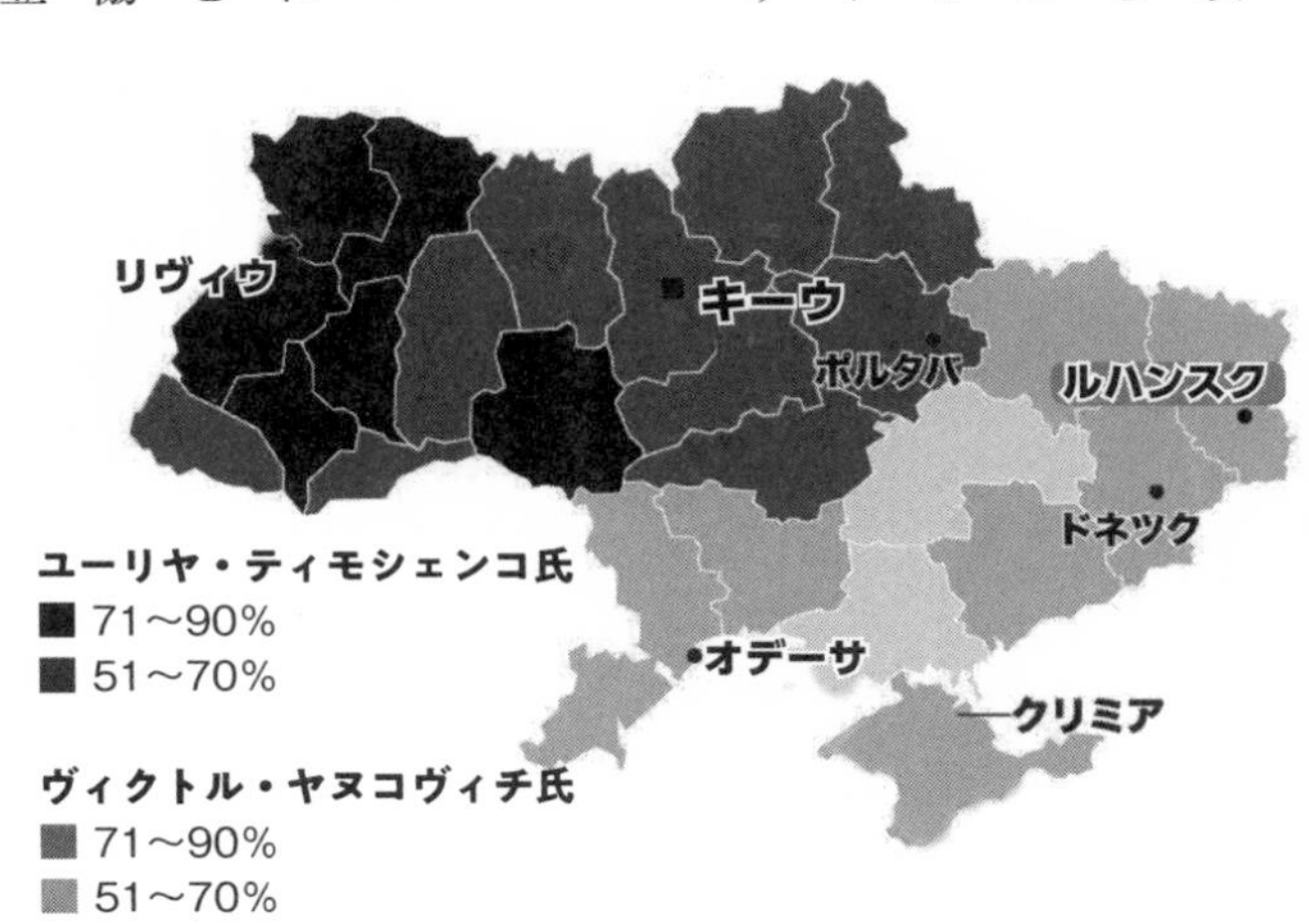

月から首都キーウの中心地マイダン広場では、ヤヌコビッチ政権に反対する親西欧派市民による抗議デモが継続的に行われ始めた。市民の示威行動は、翌年二〇一四年二月十八日頃から数万人規模に膨れ上がり、最高潮に達したのが二月二十日であった。

その日、周辺の複数のビルの窓から狙撃手による不特定多数に向けた銃撃が開始され、デモ参加者五十三名（ウクライナ政府の発表では百七名）とベルクト〔ウクライナ警察のこと〕機動隊十八名が殺害された。警察無線の傍受記録によれば、少なくとも三つの武装警察隊が広場周辺に配置されていたことが判明している。数十名の目撃者と十台前後のカメラが、警察隊が待機する位置から、黄色のオメガ腕章を誇示するようにウクライナ内務省の特殊部隊が高性能ライフルでデモ隊に発砲する場面をとらえていた。カメラは、非武装の「ベルクト機動隊員」たちが狙撃者の銃弾を受けながら後退する場面もとらえていた。パニックに陥ったデモ隊は大統領官邸と議会を占拠し、ヤヌコヴィチ大統領と彼の閣僚たちは官邸を脱出してハルキウへ、そしてクリミアへ、そこからロシアに亡命した。

この大量殺戮の残忍な映像をニュースで見た人々は、ヤヌコビッチの仕業であると思ったに違いない。またニュースの編集の意図もそこにあったものと思う。数名の狙撃者が逮捕されたが、不思議なことに彼らの正体は不明のままである。二〇一四年二月から今日まで、「マイダン殺戮」で有罪判決を受けた人はひとりもいない。

この疑問に挑戦した学者が、カナダのオタワ大学の教授イワン・カチャノフスキーである。彼はキーウに赴き、さまざまな妨害を克服して、この難問に調査を挑んだ。彼のこの論文は、二〇一七年五月四～六日、ニューヨークのコロンビア大学で行われた国際会議で発表された。カチャノフスキーの調査研究は、「公的に入手可能な証拠、特にウクライナ政府の調査と裁判〔記録〕に依存している。したがって、マイダン殺戮を企てた者たちと加害者たちの身元を特定することはできなかった。この裁判と調査から明らかになった事実は、マイダン殺戮が成功した偽旗作戦であったことを裏付けるものだ」。したがって、その陰謀を企み資金を提供した組織・人物はだれなのか、残念ながら現在のウクライナ当局はこの疑問に答えていない（*The Maidan Massacre in Ukraine: Revelations from Trials and Investigation.* https://www.academia.edu/62728119/The_Maidan_Massacre_in_Ukrainen）。

明らかなことは、敵味方双方を多方面から一斉に狙撃し、大規模な「ショック・ドクトリン戦略」〔社会に壊滅的な惨事が発生した直後、人々が茫然自失している時をチャンスと捉えて巧妙に利用する戦術のこと〕（ナオミ・クライン『ショック・ドクトリン　惨事便乗型資本主義の正体を暴く』岩波書店、二〇〇七年）とも言い得る仕方で現場を大混乱させ、ヤヌコビッチ政権を瓦解に追い込んだ、という事実である。だからといって、カチャノフスキーはロシアのウクライナ侵攻を正当化する政治的意図をまったくもっていない。彼の調査結果はウクライナにとって「不都合な真実」であるかもしれないが、どの国も不都合な真実を抱えている。それに対し、誠実に向き合う国民だけが確かな未来を求めることができるのである。
以下に四つの無視できない事実を確認しておく。

◆米国副大統領ジョー・バイデンの干渉

実は二〇一四年二月十八日から二十日にかけて、当時の米国副大統領バイデンはヤヌコビッチと電話で密かに連絡していたことを自叙伝『約束してくれないか、父さん——希望、苦難、そして決意の日々』(早川書房、二〇二一年)に、何の証拠もないプロパガンダを書いている。

「私はヤヌコヴィチと何度も緊急通話をしていたが、二〇一四年二月下旬の電話が最後となった。彼の差し向けたスナイパーたちがウクライナ市民を何十人も狙撃したうえ、それ以上に卑劣な弾圧を画策しているとの、信頼できる情報が得られたからだ。私は何カ月も前から、市民への弾圧を自制するようヤヌコヴィチに警告してきたが、デモ活動が始まって三か月がすぎたその晩、『〔お前は〕もうおしまいだ、狙撃兵たちを呼び戻して立ち去るべきだ』と彼に告げた。ヤヌコヴィチを本当に支持しているのは、後ろ盾となり彼を操るクレムリンの政治家たちであり、ロシアの友人たちがこの大惨事から救ってくれるとは思わないほうがいいと私は警告した。」

◆エストニア外相ウルマス・パエトの情報

当時、キーウ訪問中のエストニア外相ウルマス・パエトがEUの外交政策上級代表（EUの外相）キャサリン・アシュトンと交わした電話のやり取りが、インターネット上で漏洩された。その中でパエトは、デモ参加者とベルクト機動隊員たちは同一の弾丸で殺されたと語っている。「だから狙撃者たちを背後で操っていたのは、ヤヌコヴィチでなく、別の関連組織から派遣された何者かだという想定がますます強まっている。」

ところが、ウクライナの暫定保健相のレオーグ・ムシーもパエト同じく、デモ参加者とベルクト機動隊員は同じ狙撃手の弾丸で撃たれたことを確認しているが、結論はパエトと異なり「〔ヤヌコヴィチ〕政権のイデオロギーを支えようとしたロシアの特殊部隊が関与したのではないか」と推測する。

◆ネオコン系外交官ビクトリア・ヌーランドの暗躍

バイデン副大統領の下で国務次官補を務めたヌーランドと、駐ウクライナのアメリカ大使ジェフリー・ピアット（当時）がマイダン政変に果たした役割は見逃せない。特にヌーランドは、二〇一三年にNATO大使から米国務省の欧州およびユーラシア担当次席補となったネオコン系の外交官で、彼女はバイデン副大統領の指揮下で動いていた。彼女にとってウクライナは、反ロシアの砦となるべき地政学的な使命をもった土地なのである。

ヌーランド米国務次官補と、ピアット駐ウクライナ米国大使の一月二十八日の電話連絡がロシアの諜報部にリークされインターネット上に公開された。その中で、ヌーランドが「Fuck the EU（クソ食らえ、欧州連合！）」と猥（みだ）らな雑言を吐いて、アメリカと欧州連合の関係をこじらせてしまった失態は有名な逸話になっている。

ちなみに記せば、ヌーランドの論文「*Pinning Down Putin : How a Confident America Should Deal With Russia*（プーチンを身動きできなくする：いかにアメリカは自信をもってロシアに対処すべきか）」がアメリカの政治雑誌「フォーリン・アフェアーズ」（二〇二〇年七、八月号）に掲載されている。この論文にはプーチン・ロシアの弱体化戦略を提唱するヌーランドのネオコンぶりが余すところなく発揮されている。

マイダン政変の経緯について、バラク・オバマ大統領（当時）は紛争から一年後の二〇一五年一月末のCNNのインタビューで米国がヤヌコヴィチのロシアへの亡命など、ウクライナでの「権力移行」に関与したことを認めている。実際、ヌーランドは東欧ロビーの外交官で、米国ウクライナ人協会での講演でヤヌコヴィチ政権の崩壊以前からアルセニー・ヤツェニュークを首相にするシナリオに基づいて工作していたこと、さらにそれらの政治工作がEUとの間でズレを生じさせていることなどを証言している（下斗米伸夫）。

◆宗教地政学的な対立としてのマイダン政変

マイダン政変は、ロシア総主教庁の管轄下にあったウクライナ東南部にある正教会と、ロシア総主教庁の権威から分離独立しようとするウクライナ正教会との対立でもあった。それよりも重要な宗教地政学的な要因は、ウクライナ・ナショナリズムの拠点としてのユニエイト教会（正教とカトリックとの合同教会）であり、これを無視してマイダン政変を語ることはできないであろう。

すでに触れたことであるが、ユニエイトは帝政ロシア時代とソ連時代に大きな迫害を経験した教会であり、ウクライナにおける反ロシア運動の中心的存在のひとつである。その点でユニエイトは親ロシア派のヤヌコヴィチ政権を許容することは困難であった。

誤解のないように付け加えるが、ユニエイトとマイダン広場を血で染めた反ロシア極右勢力とは根本的に異なる集団である。こうして、ユニエイト教会とウクライナ正教会とプロテスタント教会の三者がウクライナ・ナショナリズムを紐帯（ちゅうたい）としてロシアのウクライナ侵攻に対して思想的に闘う宗教地政学的な環境が出現しているのである。

「マイダン政変」により反ロシアの極右内閣の成立

ピアットとの電話の中でヌーランドが“Fuck the EU”と雑言を吐いて、アメリカとヨーロッパ連合の関係をこじらせてしまった有名な逸話については、先程触れた。しかし、それ以上に問題なのは、彼女がピアットとの会話で、反ヤヌコヴィチ勢力の中のリーダーシップに触れて、元ボクシング世界へビー級チャンピオンの「クリチコ氏やスボボダ〔ロシアが「ネオナチ」と呼ぶ極右政党〕の党首チャフヌーボック氏は問題があるので、〔ティモシェンコに近い〕ヤチェヌーク氏にスポットが当たるようにしたほうがいい、クリチコ氏は政府部内に入らないほうがいい」というような、米高官が次期ウクライナ政府首脳を勝手に決めていることである——日本の首相も鳩山一郎から鳩山由紀夫まで十二人もの首相の首が米国政府によってすげ替えられた（孫崎亨『アメリカに潰された政治家たち』河出書房新社、二〇一二年）というのだから、ヌーランドの立ち振る舞いを想像するに難くない——来る大統領選挙までの橋渡しとはいえ、ウクライナ新政府に「スボボダ」などの反ロシアの極右幹部が次々に任命された（副首相、農業大臣、環境大臣、教育大臣、スポーツ大臣、国家安全保障及び国防会議議長）。新政府の代表者たちは「ウクライナ民族社会」の設立を発表し、ロシア語を使用する者はすべて、ウクライナ民族社会の正当な権利を剝奪され、市民権及び政治上の権利が差別されるべきとした。

言うまでもなくこれはEUを失望させ、プーチンを震撼させた。それだけでなく、多くのウクライナ人の価値観とも摩擦を起こした。次期選挙で極右勢力は大きく退潮した。

ミンクス議定書Ⅰ、Ⅱ

マイダン政変による親ロシア派のヤヌコヴィチ政権が崩壊して、親欧米派が祝杯をあげているさなか、ロシアはクリミア半島を占領し、ドンバス地方の親ロシア派武装勢力には、覆面派兵を含めた本格的は軍事援助を開始した。ドンバスでの戦争は熾烈を極め、双方で一万四千人もの兵士と住民が死亡した。この事件を受けて、二〇一四年九月に欧州安全保障協力機構（ＯＳＣＥ）の援助の下で、ウクライナ、ロシア、そして「ルハンスク人民共和国」「ドネツク人民共和国」がドンバス地域における戦闘停止について合意し、議定書を交わした。これが世に言われる「ミンスク合意」である。ベラルーシの首都ミンクスで調印されたので「ミンスク議定書」と呼ばれている。合意内容の重要点は下記の四項目になろう。

1　ＯＳＣＥによる即時停戦と重火器の撤去の確認と保証。
2　ウクライナ憲法を改正し、ドネツク州およびルハンスク州に分権自治を保障。
3　露とウクライナの国境に非武装地帯を設け、ＯＳＣＥによる恒久的監視と検証の保証。
4　違法な武装集団及び軍事装備、兵士及び傭兵をウクライナの領域から撤退。

「議定書」は内容を見てわかるように、ウクライナにとって決して不利なものではなかったが、「議定書」は双方の現場戦闘員の不信と恐怖によって踏みにじられた。二〇一五年一月には、ロシアの軍事援助を受けた親ロシア派の分離主義勢力が攻勢を仕掛け、ウクライナ軍は芳しい戦果をあげることができなかった。翌二月十一日には再度ＯＳＣＥの監督の下で「ミンスク議定書Ⅱ」が締結された。この「議定書Ⅱ」はドイツの首相アンゲラ・メルケルとフランスの大統領フランソワ・オランドが仲介し、ウクライナの大統領ポロシェンコとロシアの大統領プーチンが署名した。調印されたミンスク議定書Ⅱの目的は、先の「ミンスク議定書Ⅰ」に実質をもたせることであった。

二〇一六年三月二日、米国国防総省の報道官は、ミンスクⅡの署名以来、最低でも四百三十人のウクライナ人兵士が死亡し、ロシアはドネツクとルハンスクを介して「指揮統制網」を維持し、ドンバスに重火器を供給していると述べた（Voice of America 二〇一六年三月二日）。

それに対し、三月二十七日、ロシア外務省の報道官マリア・ザカロワは「我々はミンクス協定の当事者ではない。協定は二陣営〔ウクライナ政府軍と分離武装勢力〕に委ねられている」とロシアが軍事行動の主体であることを否定した。こうしてロシア軍の支援を受けた分離派武装勢力は、ドネツク地方の半分近くを事実上の支配地域とした。ロシアとウクライナの戦争は、二〇二二年二月二十四日のロシアによる全面侵攻を経て、今日に至るのである。

6章　いま、ウクライナで何が起きているのか
――ロシア軍による戦時性暴力

二〇二二年二月から始まったロシア軍のウクライナ侵攻から一年が過ぎ、ウクライナ市民に対するロシア軍による性暴力の被害が相次いで報告されている。性暴力とは女性の心と人間性に計り知れない傷を負わせる残忍な行為である。私たちがこの章で扱うのは、戦時性暴力である。

私がインドネシアの神学大学で教えていた時に、妻の協力を得て、現地の人々と共に、インドネシアにおける日本軍の戦時性暴力の被害調査を行い、それを順次さまざまな雑誌に発表した。私は三十名を越える被害者たちに、インタビューではなく交流と対話によって、彼女たちの惨苦に迫ろうとした。そこで私が学んだ最も大きなことは、この問題は、受苦者の視点からしかアプローチできないという単純な原理である。

それにしてもこの問題が、レイプする輩たちの視点から論評されることがあまりにも多いことに驚かされる。二〇二二年三月十六日、私がウクライナのヴォリーニ州ルーツィクの教会の避難

者センターでボランティアたちとコーヒー・タイムを一緒にしていたとき、ひとりの牧師がスマートフォンに送られてきたルブリカ（Rubryka）の配信記事を伝えてくれた。私は早速そのサイトの英語版を開いて読んだ。やや長くなるが記録をそのまま載せる。

RUBRYKA：Ukrainian Solutions Media　16/03/2022
――この記事は地元住民の報告に基づいています――

ロシアの侵略者はヘルソン市（Kherson 南ウクライナ）で女性たちをレイプしています。女子は家にいて外出しないように呼びかけられています。現在、ヘルソン市のロシア占領者によるレイプが確認されただけでも十一件あります。カラベレ総合病院の医師によると、犠牲者のうち五人が生き残ったようです。地元の人々は、街の女性と少女たちに、家に留まるようにとのメッセージを伝えています。

以前、報道したように、侵略者たちは三月一日に市内に入ると、ただちに、住民の家や、人々の車や、町の人々に向けて発砲しはじめました。駅と河川港が奪取されました。侵略者たちは現在すでに、地方の州政府の本部の建物とサスピリン支部の敷地を占領しています。以前、ヘルソン市長のイゴール・コリカヤフは、薬や食べ物を街に運び込むことができるように、「緑の回廊」の創設を求めました。ヘルソン地域国家管理局の長官ヘンナディ・ラウタも報告したように、あたかもヘルソン地域の市民全体がロシアへの帰属を求めているかのように、侵略者は偽情報を広めています。

ルブリカが報道したように、三月三日、侵略者はウクライナのテレビ局の電波を遮断してヘルソン市を隔離し、市中に地雷を埋めはじめました。報道によると、侵略者は明日、ロシアに編入を呼びかける「地元住民」の擬似集会を計画しています。


私はその夕、牧師から翌朝の祈りの集まりでの五分間の短い講話を頼まれた。私の講話のタイトルは「ウクライナと満州」であった。それは前日のルブリカの報道が、山崎豊子の作品『大地の子』を思い起こさせたからである。それはウクライナ女性に対するロシア軍の戦時性暴力が、満州に侵攻したソビエト軍が日本の女性たちに加えた性暴力と――大日本帝国軍が満州を侵攻したのであるが――私の意識の中で鏡映したからだ。

日本人がウクライナにおけるロシア軍の問題を語るとき、少なくとも一九三〇年から一九四五年までの十五年間に、日本軍が占領地で行ったレイプおよびレイプ・センター（慰安所）問題を踏まえずに語ることは許されないだろう。一九九三年八月四日、日本政府は河野洋平官房長官（当時）のいわゆる「河野談話」によって、「慰安婦」問題が国家主導の残虐な政策であったことを認めた。二〇〇〇年十二月、東京で女性国際戦犯法廷が開かれ、翌年オランダで「最終判決」が発表され、昭和天皇裕仁をはじめ九名の政府高官に対し、有罪判決が下された。

◆それは戦争の武器か?――ロシア軍による性暴力に関する考察

既述したように、私はインドネシアにおいて一九九二年からいままで、多くの戦時性暴力の被害生存者たちと交流と対話を続けてきたその経験が、ロシア兵の戦時性暴力問題に注意を向ける動機となった。そこで私は、第二次世界大戦中の性暴力問題を研究してきた二人の女性、ウクライナ出身のマルタ・ハブリシコと、ドイツ出身のレギーナ・ミュールホイザーの対談(二〇二二年四月二十日、ドイツ・ハンブルグ)に注目した(The new Fascism Syllyllabus, May 8, 2022)。紙幅の都合で、肝心の問題だけをとり上げることとする。ちなみに、レギーナは『戦場の性――独ソ戦下のドイツ兵と女性たち』(姫岡とし子監訳、岩波書店、二〇二一年)の著者である。

ウクライナ国立科学アカデミーの研究員マルタによれば、戦争における性暴力は「武器」として使用されている。第一に、ロシア占領地域のすべてでレイプの証言が報告されている。これらは一兵士の個人的な犯罪として説明できない。第二に、レイプ事件のほとんどは「衆人環視のレイプ(public rape)」である。第三に、強姦する兵士たちは自分たちの犯罪が処罰されないと信じ込んでいる。上記の三つの理由でマルタは、ロシアの陸軍司令部は彼らの行動を容認していると判断する。それが事実であれば、大日本帝国による性暴力との類似性が読み取れる。ただし、ロシア政府は公式にロシア兵によるレイプのすべてを否定している。

マルタによれば、そうすることでロシア軍はウクライナ社会に「恐怖のメッセージ」を送りつけ、ウクライナ人男性には、彼らの妻、娘、姉妹、母親を保護できなかった、というメッセージを伝えようとしている。ウクライナ各地には、これらの調査に関与するさまざまなフェミニスト・グループが存在する。これらのグループが捜査官や検察官に圧力をかけることができるメカニズムが必要だという。戦争が組織的性暴力の温床になっているなら、国際社会は戦争を違法化するシステムを構築・強化しなければならない。

◆戦時性暴力と「記憶」の継承

ロシア軍の性暴力の本質に切り込んだ対談の中で、マルタは「戦争の武器としての性暴力」について語った。その概念についてレギーナは「多くの兵士が上官の目を盗んで単に自分の欲望の対象として、女たちを漁って（あさって）いる事象は見えにくくなる」と批判したが、構造的な性暴力と、夜に兵舎を抜け出して女を漁ってレイプする兵士の蛮行との間に線引きすることはできない。上官の目を盗もうが、軍組織公認の性暴力であろうが両者はともに、「戦争の武器としての性暴力」である。

レギーナは「記憶は固定されていない」と言う。確かに一般論ではそうだ、ところが、私は、記憶が過去を向いたまま固定化された人々をたくさん見てきた。そのような記憶は創造性を失い、自分だけでなく他人にも政治的現状を追認させ、社会や政治の反動化に無関心な意識を作り出しまうのだ。過去にむけて固定化された記憶はその人のすべての行動を支配し、その人から自由を奪う。

それに対して、記述と記憶の共同体（たとえば、インドネシアにおける「〔日本軍性暴力〕被害者のための生活協同組合」）において、記憶が未来へ向って開かれている場合、そのような記憶は継承が可能となり、生存者たちの死後も、歴史の閉塞状況を打ち破る力になる。人はだれも記憶を離れて、記憶なしで生きることはできない。

マルタとレギーナの対話に登場する生存者たちも、自分の悲惨な経験の記憶と対話しつつ、人生を過ごさねばならない宿命を負っている。けれども、人は自分ひとりで記憶を持ち続けることは困難だ。だが、記憶はその過去を共に経験した者たちの記憶の共同体によって継承される。さらにその記憶を追体験する人々の想像の共同体によって保持され、新たにされるものなのである。そのような記述と記憶は、人々を未来に向かって歴史を創造する主体にするのだ。

II　平和に生きる道と「国家安全保障」

1章　日本国憲法における平和について

驚いたことに、森のまんなかには空き地があった
それは、道に迷った者だけが見つけられる
生い茂った木に隠された空き地……であった

トーマス・トランストロンメル

右の詩はトランストロンメル（一九三一〜二〇一五年。スウェーデンのノーベル文学賞詩人）の『空き地』と題された詩である。「道に迷った者だけが見つけられる」真実とは、なんと恵みに満ちた詩（うた）であろうか。この国は道に迷って久しい、けれども道に迷った国だからこそ、見いだすことのできる「命」（平和に生きる道）というものがあるのだ。

日本国憲法の「平和的生存権」に立ち入るには《門》がある。それは文字どおりの「序の口」であり、真正な視野（パースペクティブ）を獲得するための《門》である。この門から入らず塀を越えて入ろうとす

る者たちは、強盗であり盗人である。それは大日本帝国が犯した三つの大きな罪に向き合うための《門》である――この時点で私たちは米軍が犯した大きな罪については論じない――なぜなら、人はまず自らの加害性の記憶に向き合ってはじめて《人間》へと生成していくからだ。

ひとつ目は大日本帝国の犯罪に直接・間接に手を染めた人々の罪、二つ目はその犯罪を可能とした政治体制の悪である。そして、三つ目はその戦争責任を封印し、忘却した私たち戦後世代の「加害性の記憶」である。誤解のないように断っておく。人生には《取るべき責任》と、取りたくても《取ることができない責任》というものがある。そういうわけで、私はここで二つの過ちに誠実に《向き合う》戦後世代の課題を問題にしたのだ。

いま私たちが直面している問題は、旧体制のアジア侵略を「聖戦」とする固定化された過去の記憶である。悔恨をともなわない固定化された記憶はその人のすべての行動を支配し、その人から自由を奪う。

私は神学者であり憲法学者ではないから、憲法解釈に深入りするつもりはない。けれども、この向き合うことをすり抜け、加害性の自覚なしに講釈するいかなる憲法論も私は否定する――それが保守的であれリベラルであれ――。これは、私の神学的出発点である。

日本国憲法は、「正義と秩序を基調とする国際平和を誠実に希求し、国権の発動たる戦争と、武力による威嚇又は武力の行使は、国際紛争を解決する手段としては、永久にこれを放棄する」

（第九条第一項）と宣言する。日本国民は戦争の道を《断念》したのである。ここでいう《断念》とは、シベリヤの強制収容所で八年間服役した詩人・石原吉郎から学んだ言葉である。彼は言う。

「断念とは、きわめて明確な行為であるとともに、行為そのものの放棄でもあるわけです。私が『断念そのもの』といったことばで考えるのは、いわばそのような放棄のすがたであります。……断念とは、ある局面へ追いつめられた時に、人が強いられる決断に似た行為であるよりは、むしろ人間が生きて行くうえでの基本的な姿勢なのではないか。」

（石原吉郎『断念の海から』日本基督教団出版局、一九七六年）

「戦争放棄」は強いられた脅迫観念ではなく、「人間が生きていく上での基本的な姿勢」なのであり、日本帝国主義の軍靴に踏みにじられた人々が叫び求めている普遍的な法なのである。これは日本のみならず、世界の国々が進むべき道標である。だから、「日本国民」は「政府の行為によつて再び戦争の惨禍が起ることのないやうにすることを決意し」（憲法前文）たのである。

そこでまず、この章では日本国憲法が「想定していない平和」を四つ、「想定している平和」を五つ挙げる。粗削りな議論をするので、読者諸氏の意見・批判をいただければ幸いである。

日本国憲法は「平和とは何か」というような哲学的規定を行う文書ではない。けれどもこの憲法を書いた人たちは、当然のこととして、法学的に平和を規定している。そこで、私の仕事は憲法の法学的平和が依拠する哲学を探ることにある。言い換えれば、彼らがいかなる平和を哲学していたのか、それを探ることがこの章の目的である。まず、「想定していない平和」について考えてみよう。

日本国憲法が想定していない平和

◆武装による平和

一九四七年に制定された平和憲法は、領土権を基本原理とする近代国家の防衛原理がもはや通用しないことを世界に先駆けて認識した法制と言える。それは二一世紀の世界の軍事的閉塞を正確に見通し、その法的な解決の道を私たちに示しているのである。政治学者・宮田光雄は「長距離ミサイルや核弾頭は戦争が勃発した場合……国境の不浸透性と領土の不可侵性という空間的前提は、その成立根拠を失い……ミサイル防衛システムの存在をもってしても、ほとんど保障することはできない」と指摘する（『山上の説教から憲法九条へ　平和構築のキリスト教倫理』新教出版社、二〇一七年）。

そこで冷静に考えてみれば、小さな平野に過密な人口と食料自給率（カロリーベース）三八％という、「先進国」の中で最低水準となっており、日本海の海岸線に並ぶ原子力発電所をもつ日本という地政学的特性が、通常兵器による攻撃に対してすら、実に脆弱な国家であることを露呈している。したがって、武装は国民の気休めにすぎないのだ。

◆軍事同盟による平和

集団的自衛権を肯定する学者たちは国連憲章五一条を引用する。それは加盟国の集団自衛権の行使を認める国際法であり、次のように規定している。

「国際連合加盟国に対して武力攻撃が発生した場合には、安全保障理事会が国際の平和及び安全の維持に必要な措置をとるまでの間、個別的又は集団的自衛の固有の権利を害するものではない。」

具体的に言えば、中国と台湾の間で戦争が起き、米国と中国の間で戦闘が起こされた場合、日本は自国が攻撃されていないのに、同盟国の米国のために中国を攻撃できるという国際法である。去年、二〇二二年十二月に閣議決定された安保三文書では「我が国に対する……武力攻撃を防ぐのに、やむを得ない必要最小限の自衛の措置として、相手の領域において、我が国が有効な反撃を加えることを可能とする」（傍点著者）とある。つまり、攻撃対象は「敵基地」ではなく、「相手の領域」になっており、「全面戦争」が可能な文章になっている。

集団的自衛権を肯定するために、この非道徳的な文言をもつ国連憲章五一条に異議を申し立てない学者・政治家たちは道徳的に破綻していると言わざるを得ない。日本国憲法は、このような軍事同盟による平和を想定していない。

◆単に紛争のない消極的平和

紛争地に住む人々にとっては、「紛争のない状態」は価値ある「平和」であるに違いない。だが、平和学ではこれを「消極的平和」と呼ぶ。国家や国民の間に、ただ暴力や戦争がないだけの状態を「平和」というなら、これは侵略者が来た時には、白旗を上げればよいことになる。これは侵略者にとって都合のよい「平和」ということになる。

平和学者ガルトゥングは、それに対置して「積極的平和」を語る。それは信頼と協調の関係がある状態をいう。日本政府に対するガルトゥングの批判は厳しいが、的を射ている（ヨハン・ガルトゥング『日本人のための平和論』御立英史訳、ダイヤモンド社、二〇一七年）。すなわち、日本は一九四五年八月十五日以来、いまも米国に占領され続けており、占領は日本人の心の奥深くまで浸透し、植民地レベルに達している。この「消極的平和」の状態から脱しないかぎり、日本は独自の方法で東アジアの平和に貢献することができないと批判する。

「紛争のない状態」の「平和」は、構造的な不正義の秩序による偽装を意味する。日本国憲法はこのような消極的平和を構想してはいない。

◆無抵抗主義による平和

日本では、「無抵抗主義」（non-resistance）と「非暴力抵抗」（non-violence）が混同されて甚だしく誤解されている。非暴力抵抗とは、社会的不正・圧政などに対して、非暴力的手段によって抵抗する生き方である。ガンジー、マルティン・ルーサー・キング、ジーン・シャープ、宮田光雄などがその提唱者・実践者である。それに対して、ロシアの文豪・宗教家レフ・トルストイによって唱導された「無抵抗主義」の目的は非暴力抵抗と重なる部分があるものの、その道は大きく異なっている。「無抵抗主義」といっても、さまざまな無抵抗主義の理解があるのだが、その問題には立ち入らない。

さて、両者の混同の誤解は古くからあり、それは新約聖書のマタイの福音書五章三九節のイエスの言葉をめぐる解釈にある。

「しかし、私は言っておく。悪人に手向かってはならない。誰かがあなたの右の頰を打つなら、左の頰をも向けなさい。」

（聖書協会共同訳）

権力者たちは民衆に対し、この翻訳を無抵抗主義の教えとしてきた。本来この句は、同じく新約聖書のテサロニケ人への手紙五章一五節、およびペテロの手紙第一、三章九節を参考に「だれでも、悪人に悪をもって報復するな」と翻訳すればよいのだと思う（Glen H. Stassen and David P. Gushee, *Kingdom Ethics: Following Jesus in Contemporary Context.* IVP Academic 2003）。

後半の有名な教説は、「だれかがあなたが右の頬を打つなら、挫けてはいけない、左の頬も打たれる覚悟をもって、善をもって抵抗しなさい」という意味の非暴力抵抗の教えとして理解する。歴史的なレジスタンス運動の乏しいこの島国で、魂までが地縁、血縁、会社縁で縛られている状態において、人々は無抵抗の「平和」の中に引き籠りやすい。しかしそれは、日本国憲法の想定する平和とは無縁である。

日本国憲法が想定している平和

◆信頼に基づく平和

「日本国民」はまず、「恒久の平和を念願し、人間相互の関係を支配する崇高な理想を深く自覚するのであって、平和を愛する諸国民の公正と信義に信頼（trust）して、われらの安全（security）と生存（existence）を保持しようと決意した」。

ここで言う「信頼」とは、個人間においても、国家間においても、自分（たち）の主権の一部を、相手に信託することから始まる信頼醸成の行為である。日本国憲法は、「この人類普遍の原理に基づいて」（前文）構想されている。

広い意味で相手に対する「敵意」や「不信」も自分の主権の一部である。こちらが「敵意」や「不信」を相手に譲れば、なおさら、平和の選択肢はさらに大きくなるはずだ。それが「平和を愛する諸国民の公正と信義に信頼する」という意味ではないか。けれども、この文章は慎重に言葉を選んでいる。この世界には、私やあなたも含めて、「平和を愛さない諸国民」が存在することが含蓄されている。したがって、国際関係においては信頼の醸成と構築のための国際政治・外交が政府に求められている。

◆目的としての平和

日本国憲法は「理想と目的の達成を求める」生き方を「国民」に求めており、国民によって信託された政府が果たさなければならない「公共目的」であり、その「理想と目的」とは、全世界の人々が「専制と隷従、圧迫と偏狭」からの解放と、「恐怖と欠乏から」の自由を協働して達成することであり、人間が公正と信義に基づいた平和のうちに共存する世界を実現することである。

これは人々の基本的人権であり、したがって、ここに国民によって組織された政府の存在理由がある。政府はいかなる場合においても、他国民の犠牲の上に自国民の「平和のうちに生きる」権利を守ることは許されない。なぜなら、日本国憲法が保障する人間の「平和のうちに生きる権利」は他国民のそれと切り離しては存在し得ないからである。

◆軍事力に頼らない平和

これは、軍事力や軍事同盟に頼らない手段によって達成しようとする平和である。「国民」は、平和という目的を、暴力的手段ではなく、非暴力的手段によって追求するということだ。侵略者は何も外国から侵入してくるだけでなく、国内の権力者の一部が憲法を手前勝手に解釈したり、停止したりして、「国民」の意識を戦争モードで支配する場合、「国民」は非従属的、非暴力的、非武装的戦略を優先的に構想して対抗するという立場である。すなわち、この憲法が構想している平和の第三の意味は、民衆の力による防衛によって軍事力に頼らない社会を目指す平和である。

◆権力の源泉である民衆による平和

民衆の支持を失った権力は堕落し、それ自体の重さによって瓦解する（ラ・ボエシ、ジーン・シャープ）。なぜなら、権力の源泉は民衆にあるからだ。歴史的権力について、憲法前文は次のように規定している。

「そもそも国政は、国民の厳粛な信託によるものであつて、その権威は国民に由来し、その権力は国民の代表者がこれを行使し、その福利は国民がこれを享受する。これは人類普遍の原理であり、この憲法は、かかる原理に基くものである。われらは、これに反する一切の憲法、法令及び詔勅を排除する。」

民衆は平和を造る主体であって、客体ではない。だから民衆には主権者としてふさわしい生き方が求められる。ゆえに民衆は主権者の重力に耐える力と英知を身につけなければならない。一方、権力の源泉を忘れたり、離反したりする国家もつねに堕落する。したがって、「民衆による平和」は、重力で下降する政府との緊張関係の中につねに存在することを忘れてはならない。

◆歴史の途上ではつねに未完である平和

季節が循環するように、歴史的時間を始めも終わりもない円環のメタファー（隠喩）で理解することに慣れている人々がこの世には大勢いる一方で、歴史的時間を始めから終わりに向けた直線のメタファーで理解する人々も大勢いる（大木英夫『終末論』紀伊國屋新書、一九七二年）。

ところが、日本国憲法が依拠している時間観念はいささか異なっているようである。それは円環上に正・反・合の弁証法的な対立と総合を複雑に繰り返しながら——だからといってそこに歴史法則を見いだすことはできないが——完成（＝終末）に向かう「蔓巻(つるま)きバネ」の螺旋メタファーで理解することが適切であると私は思う。

「終末」はギリシア語で「エスカトン」と呼ぶ。それは単なる事物の結末ではなく、歴史の意義や世界の目的を含む歴史の目標(ゴール)に対する《信頼》である。たとえれば、マラソン・ランナーにゴールが約束されているように、歴史のゴールである平和はいまだ完成していないが、すでに約束されている。だから人はゴールを目ざして走ることができる。ゴールが約束されていないマラソンにはだれも参加しないだろう。

しかし、マラソンのゴールと歴史の終末論には決定的な違いがある。マラソンのゴールは固定化されているが、歴史の終末論的ゴールとしての平和は、固定化されていない。それはつねに未完でありつづける。それだけでなく、未完に耐える力を人に与える。それは希望としての終末論的平和である。だから人間は平和を主体的にかつ沈静に追い求めることができる。

これは歴史において信実であるだけでなく、ひとりの人生においても信実である。人はこの終末論的生き方を身に着けていないと、排他性や暴力性に憑(と)りつかれ、ナショナリズムの熱狂に陥るか、さもなければ、すべてをあきらめて無関心と虚無心に流される。終末は人間にこの世界で生きるための存在理由を与え、未来への方向を示し、いま私たちがここで何を為すべきかを指し示す道標なのだ。
その意味で、日本国憲法は「途上の平和」を想定しているのであって、究極的な「完成体としての平和」を想定しているのではない。

宗教的な価値観とその普遍的言語としての人権

こうして見ると、日本国憲法の根底には、ユダヤ・キリスト教的な終末論を読み取ることができる。それは百合の球根のように地下に植えられており、地表に書かれた条文から直接的に読み取ることはできない。このように書けば反論が返ってきてもおかしくない。その反論とは、日本国憲法の「人権の概念は、キリスト教の子でないばかりではなく、どの宗教の子でもない」(宮沢俊義)という政教分離論からの正論である。なぜなら、憲法を特定の宗教に基礎づければ、その憲法は他宗教や無神論者たちに対する妥当性を失うことになるのは、至極当然な指摘だからである。

ところが、その宮沢は同じ箇所で、「プロテスタント思想がそれ〔人権思想〕を推進することに非常に貢献したことは、明白な歴史的事実である」とも言っている(宮沢俊義『憲法Ⅱ』法律学全集四、有斐閣、一九七一年)。ちなみに言わせてもらえば、プロテスタント思想をここまえ持ち上げる宮沢の言説は、近代啓蒙主義に影響された解釈であると思われる。確かに「プロテスタント思想が人権概念を広めた」という理解は正しくても、宮沢の言説を手放しで賛同することはできない。なぜなら、宗教改革とルネサンスの下で花を咲かせた人権思想は、中世カトリック教会が準備した苗床で熟成した果実をプロテスタント教会が摘み取ったものだからである（ルイ・デュモン『個人主義論考　近代イデオロギーについての人類学的展望』言叢社、一九九三年〔一九八三年〕）。

いずれにしても、宮沢の二つの言説は、一見、矛盾したように聞こえるが、そうではなく、前述した百合の球根の譬えのように、合理性をもつことになる。キリスト教が人間の命をイマーゴ・デイ（神のかたち）として捉え、その神学思想を球根として、そこから歴史の地表に芽生えた人権思想はもはや宗教的でなく普遍的概念なのである。けれども覚えておかねばならないことは、根から切り離された百合は枯渇するということだ。

宗教的な深源をもつ価値観とその「普遍的な言語」との関係について、憲法学者の齊藤小百合は説得的に語っている。「特定の宗教的な淵源（えんげん）を持つ価値観であっても、その信仰を持たない人にも理解できるような合理性を持つとしたら、それを排除する理由はありません。言いかえると、その価値観が『翻訳可能な普遍』性を持っているかどうかにかかっている」と（齊藤小百合『打ち捨てられた者たちの「憲法」』いのちのことば社、二〇一九年）。

このことは本書の文脈において、何を意味するのかといえば――国家権力が民衆を支配する際の道具とする官許（かんきょ）キリスト教、官許仏教、官許神道（国家神道）などの宗教カルトや、反宗教的唯物論、国家資本主義、国家社会主義などの経済カルトは論外として——対話に開かれた仏教や神道やキリスト教などの宗教的な源泉をもつ価値観であっても、また、唯物論や資本主義や社会主義などの非宗教的・世俗的な価値観であっても、それらが普遍的言語を獲得して、グローバルな正義や平和的生存権を深化させることに貢献することが求められている、ということである。

そのように理解すれば、日本国憲法の現実性と有効性はさらに深く認識できるはずだ。終末論的な正義と平和とは、歴史の終末（完成）において成就する未完の正義と平和のことである。人はその途上でつねに相対的な平和の現実に満足しなければならない。

したがって、この正義と平和から終末論を取り去って、自前の正義に基づいて絶対的な平和を陶酔的に追及するならば、第二のヒトラーやスターリンおよび天皇制ファシズムの登場を待望することになりかねない。それゆえに、終末論的な平和は、私たちが熱狂主義へと転落することを防ぎ、いかなる場合でも、未完の平和にとどまり、つねに改革される平和であり続けるのである。

2章　平和憲法九条の危機とその再生

「主権在民」を原則とする近代の国民国家において、「安全保障」とは何を意味するのだろうか。一般的には、他国からの攻撃から自国の領土を保全し政治的独立を守ることによって、国民の生命・財産を保全するという「国家安全保障」（national security）を意味した。その「防衛と保全」の主役が軍事組織であり続けてきた。

ところが、二〇世紀になると、リベラリズムを体現した欧米諸国のただ中にファシズムとコミュニズムが台頭し、リベラリズム体制に対し文明的な反逆が試みられた。東洋においてその主役を演じたのは、言うまでもなく天皇制ナショナリズム、後に天皇制ファシズムの大日本帝国であった。軍事力による「平和」の確保が限界を露呈するような事態が世界の至るところに起こった。グローバルな相互依存関係の深まりを背景に、国家的利益の衝突、南北の経済格差、生態環境の破壊、地下資源・食料・飲料水の確保などをめぐって紛争が至るところで発生するようになった。

さらに、一九八九年のソビエト連邦の崩壊に端を発した東西冷戦の溶解とともに、テロリズム、国際組織犯罪、感染症などの脅威に対して、個々人が平和的に生存する権利を求める「人間の安全保障」が非軍事的な方法によって追及された。二一世紀になると、戦争の誘因としての宗教地政学的な相克が注目されるようになった（ハンチントン『文明の衝突』集英社、一九九八年）。

安全保障とは何か

英語の security（安全保障）とは——動詞は secure であるが——、もともと、人間の生のあらゆる領域にわたって、まことに望ましい状態を意味する包括的な概念であった。それを現代的に表現すれば、恐怖や欠乏からの自由、平和を生み出す正義、他者への信頼、神と人を愛することなどが包括的に確立された状態を意味する。ところが、人間集団の紛争史の過程でこの包括性が削ぎ落とされ、敵を暴力によって抑え込むことで安全が保障される状態を意味するようになった。軍事力による国家安全保障（national security）という一種の妄想が、疑似国家カルトの様相を呈して、全世界に拡散していった。

「安全」という考え方が、世界の紛争の原因だと考えたのが、神学者のディートリッヒ・ボンヘッファー（一九〇六～一九四五年）であった。世界が安全を引き寄せるために「政治的な条約」「国際資本の投資」「大銀行や資本力の育成」「軍備の増強」などを求めて奔走しているなかで、ボンヘッファーは「これらすべてのことによっては、平和は来ない」と言った。

「その理由の一つは、これらすべてを通して、平和と安全とが混同され、取り違えられているからだ。安全の道を通って〈平和〉に至る道は存在しない。なぜなら、平和はあえてなされねばならないことであり、それは一つの偉大な冒険だからである。それは決して安全保障の道ではない。平和は安全保障の反対である。安全を求めるということは、〈相手に対し〉不信をもつということである。そしてこの不信が、ふたたび戦争を引き起こすのである。」

（『ボンヘッファー選集第六巻　告白教会と世界教会』新教出版社、一九六八年）

国家や人が安全を求めるということは、自分自身を守らねばならないからである。そこでは自分自身の安全を脅かす敵の存在が想定されている。敵の存在を想定すれば、自身の内面に敵のリアリティが構成される。世界史はその実例で満ちている。

◆国が国であることをやめるとき

やや回り道になるが、それを宗教地政学的に解析してみよう。時は一四世紀はじめ（一三〇二年）、ローマでのことである。当時のローマ教皇ボニファティウス八世は有名な「教会の外に救いなし」（extra ecclesiam nulla salus）とする回勅を公布した。この教説は紀元三世紀にカルタゴの主教キプリアヌス（三世紀初頭〜二五八年）が語りはじめた教えであると言われている。ボニファティウス八世はそれをカトリック教会の教理にまで格上げしたのである。

「世界には、たった一つの教会しかありません。それはローマ・カトリック教会です。この教会の外に、罪の赦し、すなわち、救いはありません。ちょうど大洪水のとき箱舟が一隻しかなかったのと同じです。あのとき箱舟の外の者はみな滅びました。それゆえに、ローマ教皇に従属することは、すべての人の救いにとって絶対に必要なのです。」

ローマ・カトリック教会の名誉のために付け加えるが、現代のローマ・カトリック教会は、教皇ヨハネ二十三世のもとで開かれた第二バチカン公会議（一九六二〜一九六五年）において、この教説を退けた。

いま、この教説を読む多くの人は「ヨーロッパ中世の人間は何と愚かなのだろう」と思うに違いない。しかし、その「愚かさ」はそのまま現代の多くの日本人にも当てはまる。なぜなら今日の日本国民の八〇％前後が「アメリカの核の傘の外に救いなし」という日本政府の教条を信じて疑わないからである。

毎年、モスクワ、北京、ピョンヤンで大陸間弾道弾を繰り出して行われる軍事パレードは現代の「痴愚神礼讃」(エラスムス)でしかない。私はこの「核兵器の傘の外に救いなし」と信じる核国家を「疑似国家カルト」と呼んでいる(木村公一「日本社会に潜むカルト症候群」『週刊金曜日』一九九五年五月二十六日所収)、すなわち、その意味は、国が国以下のものに成り下がったり、国が国以上のものに成り上がったりして、国が国であることをやめ、疑似宗教機関に変質している状態を指している。

◆「核なき世界の実現」?

二〇二三年五月二十日、G7広島サミットで、岸田首相は改めて「核なき世界の実現」を強調し、核軍縮の意欲を示した。岸田が「核なき世界」を望んでいることは確かであると私は思う。けれどもそれは、おそらく実現しないであろうものに対する、政治と切り離された受動的な待望でしかない。その証拠に、二〇一六年十月二十八日、当時の岸田外相は、国連総会第一委員会において「核兵器禁止条約」の決議に、ロシア、アメリカ、イギリス、フランスとともに反対票を投じた主役のひとりなのである。

また、日本はその一方で、アメリカの核の傘の下に身を寄せることで、「核兵器は防衛目的のために役割を果たし、侵略を抑止し、戦争を防止する」と核の抑止力を肯定し、自らの安全保障政策を「核の抑止力」に委ねている。この矛盾について、日本政府は説明責任を果たすことができないでいる。

そもそもこの矛盾を解消するには、三つの方法しかない。第一は、自前の核兵器を持つことでアメリカの核の傘から脱出すること。第二は、アメリカと核の共有体制を取り、米国の核兵器を日本領内に配備すること。第三は、幻想としての核抑止力を否定し、米国の核の傘から脱出し、「核なき世界の実現」に誠実に取り組むという道である。私は、この第三の道がもっとも現実的・有効的な政策であると確信する。次節でその確信の内容について論じる。

安全保障のジレンマ

首相にとっては、「核兵器は防衛目的のために役割を果たし、侵略を抑止し、戦争を防止する」という「核の抑止力」仮説と「核なき世界の実現」とは何ら矛盾するものではない。なぜなら彼は、「核の抑止力」と「核なき世界の実現」との間にある矛盾を矛盾として捉えていないからである。

◆日本政府が抱える矛盾

次の言説、すなわち――「日本が唯一の被爆国として手にしている『伝家の宝刀』とも呼ぶべき、道義的権威（Moral Authority）を最大限に活用して、保有国と非保有国の仲を取り持ち、国際的な核軍縮の道を拓いていく」（岸田文雄『核兵器のない世界へ・勇気ある平和国家の志』日経ＢＰ、二〇二〇年）という意気込みで解消できると思い込んでいるからだ。この立論を日本人に対してのみならず、外国の人々に対して説明することは至難の業であることを、本人も十分承知しているはずである。「陸海空その他の戦力と交戦権」を否認した憲法九条を骨抜きにしてまで、世界最大級の軍事支出を行うことに国民が疑問を感じないようにするには、「核なき世界の実現」という花火がどうしても必要なのである。

この言葉とは裏腹に、首相が「核なき世界の実現」に熱心でないことは、次の三つの事実から明らかである。第一は、第一回核兵器禁止条約の締約国会議（二〇二二年六月）に出席しなかった。これでは「保有国と非保有国の仲を取り持」つことなどできようはずがない。ちなみに、同じ立場にあるドイツはオブザーバーとして参加した。第二は既述したとおり、「核の抑止力」の効果を肯定している日本政府が「核なき世界の実現」など政策化するはずがない。第三は、日本政府が「核なき世界の実現」という美名のカーテンで、今後五年間で四十三兆円という「世界最大級の軍事支出」を民衆の目から覆い隠そうとしていることである。

ロシアのウクライナ侵攻を受けて、岸田首相は「武力による一方的な〔国境の〕現状変更は認められない」と繰り返し発言している。それは、日本国憲法九条第一項の規定そのものである。すなわち「武力による威嚇または武力の行使は、国際紛争を解決する手段としては、永久にこれを放棄する」。

ところが周知のごとく、岸田首相は改憲によってこの条項を葬り去ろうとしている。中国やロシアの指導者たちのみならず、西側の指導者たちも岸田の発言の「矛盾」を見抜いているはずである。けれども、その「矛盾」を指摘する西側の指導者はいない。これでは、日本政府と国民との間ですら信頼関係を醸成することは困難である。

覇権国家の戦争は多くの場合、「自由と解放」を口実にして行われる。日清戦争も、日露戦争も「東洋平和ため」と称して行われた。「大東亜戦争」は「大東亜共栄」をスローガンにして行われた。今回のロシアの「特別軍事作戦」も「ドンバス地方のロシア系住民をウクライナのネオナチによる迫害・殺害から救出するため」と称してウクライナに侵攻した。

けれども、先ほどのボンヘッファーによって指摘された「安全」神話とは別の意味で、私たちは非軍事的な方法で安全保障を追求する道がいくつもあることを知らねばならない。世界史はそのような実例とヒントに満ちていることを、オランダ出身のジャーナリストであるルトガー・ブレグマンは、『希望の歴史　人類が善き未来を造るための一八章』（上・下）（文藝春秋、二〇二一年）で説得的に論証している。

そこで、私たちは安全保障の伝統的な三つの教説、すなわち、①「抑止戦略」、②「領土防衛」、そして③「専守防衛」について考えてみよう。

◆「抑止戦略」とは何か

「抑止力」（deterrent force）とは、「敵国」を怖がらせ（deter）て攻撃を思いとどまらせることである。その場合、「抑止する側」は攻守含めた戦術によってその攻撃国に攻撃の企てを放棄させてしまう戦略である。したがって、「抑止」とは本質的に、脅迫と暴力に依存する国家行為であるので、「全世界の国民が、ひとしく恐怖と欠乏から免かれ」と宣言する憲法をもつ国民のする行為ではない。脅迫されてねじ伏せられた「敵国民」は、必ずや復讐の時を待っている。だから「抑止」戦略は、相手の抑止を保障できない事例で満ちている。

ところが、ここに大きな問題が隠されている。すなわち、「抑止」対「抑止」政策は両者にとって安全保障に役立たないどころか、止めどなく軍拡競争を引き起こす温床として機能する。こうして枕を高くして安眠できない政府と国民は、「抑止」の政策の失敗から攻撃的な「防衛」の政策へとさらなる安全保障のジレンマに深入りすることになる。まさに現在の日本がそのジレンマに陥っている。

◆「領土防衛」とは何か

「防衛」とは、古典的な定義によれば、「攻撃者」に反撃を加え、彼らを自国の領土へ帰還あるいは撃退することである。しかし現実の戦場では、兵士たちは「目には目を、歯には歯を」という同害晴らしでは収まらず、受けた被害の八倍返しにも似た復讐によってしか溜飲を下げることができない。

数十キロ離れた「敵基地」からミサイルが飛んでくる今日の戦争では、古典的な前線というものは見え難く、敵の見えない戦場が広がる場合が多い。そこで一方の「防衛者」は失敗すれば、地対空ミサイルの開発・購入という軍拡競争のすり鉢地獄に自ら転げ堕ちることになる。他方の「攻撃者」は失敗すれば、その反省から、兵士・軍備のさらなる強化に乗り出し、次の攻撃の機会を虎視眈々と狙うことになる。それが石器時代から現代にいたるまでの戦争の歴史である――最も重要な問題は、あとで議論することになるが、「私たちは何を防衛しようとしているのか」である――。

したがって、「防衛」は必然的に軍拡を呼び起こす。軍拡は国民総生産の統計を増やすことができても、国民の富の再生産にはまったくつながらない。軍備に大量の資金を注ぎ込むことは投機であって投資ではない、つまりギャンブルだ。軍備への投機は機械やインフラへの投資と違って、富を再生産せず、貧民を再生産する。これは経済学の初歩的な公理である。「投資家」が、たとえそれが十万円であったとしても、軍事産業の株に投機することは公共財の損失になるだけでなく、人殺しの共犯者になる。

ここでは具体的な企業の名をあげる紙幅はないが、東京新聞社会部の記者、望月衣塑子（いそこ）の『武器輸出と日本企業』（角川新書、二〇一六年）をぜひ読んでほしい。軍拡は、兵器生産や兵器開発に大量の資金を注ぎ込むことで一部の軍事産業の株主や利害関係者を富ませるが、公共財を失わせることで多数の人々を貧困の状態に落とし込む。そこで日本政府は戦後、長期にわたって、経済成長政策〔国際競争力をもつ大企業を優先的に育成する政策〕を優先するために、「防衛経費の削減」を理由に「専守防衛」を政策としてきた。

◆「専守防衛」とは何か

「専守防衛」にはいくつかの重大な問題が潜んでいることを、多くの軍事専門家が指摘している。「専守防衛」政策とは、戦争準備の段階的な拡大の一里塚である。たとえば「攻撃国」が「敵とみなす国」の「専守防衛」体制を自国の軍備よりも強力なものと見立てれば、「攻撃国」はさらに強大な破壊力をもった軍備を装備することになる。すると「専守防衛国」も「専守防衛の効力を高めるため」と称して「攻撃国」に劣らぬ軍備の増強に邁進するだろう。

「専守防衛」は一般市民の間に甚大な死傷者を生み出すことになる。実例として、アジア太平洋戦争の末期にフィリピンの首都で起こされた「マニラ市街戦」を上げれば十分であろう。当初、現地の陸軍指令官・山下奉文（もとゆき）は、日本軍のフィリピン侵攻時のアメリカ軍の対応と同様に、マニラの「無防備都市宣言（Open city declaration）」（ハーグ陸戦条約第二五条）を検討していた。マニラを非武装にして退去すれば、米軍はマニラを攻撃できなくなる。マニラの放棄は、市民の被害を避けることもできる。ところが、大本営陸軍部はマニラの「放棄」には同意しなかった。そこで、山下は「専守防衛」作戦を採らざるを得なかった。その結果、多くの無辜(むこ)の市民が戦闘に巻き込まれ、十万人を超えるマニラ市民が殺された〈防衛庁防衛研修所戦史部〈前原透〉『マニラ防衛戦——日本軍の都市の戦い』防衛庁防衛研修所〈研究資料82RO-7H〉一九八二年〉。

現在、岸田政権が推し進めている「相手の地域」への——「安保三文書」は「敵基地」ではなく「相手の地域」となっていて攻撃対象を限定していない——反撃能力の強化政策もその見事な実例である。なぜ市ヶ谷の防衛省の前庭や皇居前広場を長距離ミサイル発射基地にせず、人口の少ない南西諸島にミサイル基地を配備したのか、それはすでに慣例化して久しい米軍への自発的な隷従戦略である。その戦略とは第一に、相手の喉元に短刀を突き付けること、次に、それは原発の配置地域と同じで、戦争となると政治経済の中枢機関が集中する東京は軍事地政学上リスクが大き過ぎ、夥しい数の人々が死ぬのは明白だからだ。このたびも基地を配備された沖縄とその諸島が「捨て駒」戦略がとられているのである

「専守防衛」とは一般的に防衛のためのゲリラ戦の一変態であると言われている。防御のためのゲリラ戦にともなう基本的な諸問題がそのままこの「専守防衛」政策に当てはまる。ソビエト軍の占領地域、アルジェリア、ベトナムなどで行われたゲリラ戦の経験など、歴史家は枚挙に

いとまなくさまざまな歴史的例証をあげている（ジーン・シャープ『市民力による防衛　軍事力に頼らない社会へ』三石善吉訳、法政大学出版局、二〇一六年〔一九九〇年〕）。さらにウクライナのマリウポリでも、瞬く間のロシア軍の侵攻に多くの市民は取り残された。マリウポリの住民を守ろうと「専守防衛」に徹しているさなかに、ロシア軍の圧倒的な重火器によって多くの市民が殺された。

さらに、読み捨てにできない新聞記事（「朝日新聞」二〇二三年四月十四日朝刊）がある。元内閣法制局長官・阪田雅裕が岸田政権の防衛政策を「国是である専守防衛からの逸脱」と批判している発言である。阪田は平和的な価値を尊ぶ人間としてアピールしているつもりであろうが、「専守防衛」は憲法九条に抵触するばかりでなく、「敵基地攻撃」と地続きになっており、「専守防衛」が軍拡競争の温床になっているという歴史をどこまで理解しているのであろうか。

◆「国を守る」とは何か

常備軍は、時とともに全廃されなければならない。なぜなら、常備軍はいつでも武装して出撃する準備を整えることによって、他の諸国をたえず戦争の脅威にさらしているからである。

（インマヌエル・カント『永遠の平和について』一七九五年）

憲法学の「博多っ子」学者・石村善治は、ある会合で日本国憲法の「先進性」について次のように語ったことがある。「日本国民は、日本政府を《戦争のための政府》にするのでなく、《世界平和のための政府》にすることが憲法の中心に定められています。これが日本国憲法の先進性です」（石村善治『いまこそかがやけ平和憲法』自治体研究社）。一九四五年以前、防衛とは何かという問いに対する臣民の模範解答は、「国体と天皇」を皇軍の武力によって守ることであった。それでは今日、国民は何と答えるのだろうか。人々の中にはいまだ、「〈新しい〉国体と皇室」と答える人が一定の割合でいるだろうが、一般的には、おそらく生命、財産、領土という答えが最も多いと私は思う。ここで言う「新しい国体」とは、かつて大日本帝国憲法（明治憲法）の上位に置かれた「天皇の統帥権」（明治憲法一一条）が、いまや日本国憲法の上位にアメリカという「統帥権者」を戴いている国家体制のことである。

日本国憲法を無視して「新しい統帥権者」に隷従する自公政権（プラス維新・国民）の改憲論は「日本国憲法は国を守ることを教えていない」と主張するが、それは次の三つの意味において、とんでもない嘘である。

第一に、日本国憲法の上位に「統帥権者・アメリカ」を置き、平和憲法に面従腹背する自公政権に改憲を唱える道義的資格はない、ということである。日本国憲法は「国を守ることを教えていない」のでなく、戦争によって他国民を殺傷したり、他国を侵略したりしないことで自国を守ることを教えているのである。

第二に、私たちは、国家権力が発動する戦争と、国際紛争を解決する手段としての武力による威嚇および行使は永久に放棄する（日本国憲法第九条第一項）と宣言した。憲法改正そのものは憲法九六条によって保障されているが、私たちはいま、戦争と武力による威嚇および行使の「永久放棄」とは何を意味しているのかを問わねばならない。「永久放棄」とは、その線と方位を逸脱して、それ以外の方向に向けて、改憲を行うことは「永久に」禁じられているという意味である。そうでなければ「永久にこれを放棄する」と規定する憲法の意味がなくなってしまう。それゆえに、戦争を可能とする改憲論は「永久放棄」事項に背反するので、「クーデターの疑いありき」と言わねばならない。

第三に、日本国憲法は、国民一人一人が軍事力によらない防衛を遂行することで、平和を造りだすことを規定している。国を守るとは、日米の安保支配体制を守ることでもなく、皇室や資本家を守ることでもなく、自分勝手な自由や繁栄にとって都合がよい体制を保存することでもない。それは次に記す三つの原則に表された民衆の平和的生存権（憲法前文、九条、一三条、その他の関連条項）を守ることに他ならない。

すなわち、①全世界の民衆の平和と他者を愛する自由の権利を守り、②戦争放棄と戦力の不保持に向けた軍縮を促進し、③すべての個人の存在根拠として帰属性（アイデンティティ）、すなわち宗教・信条の自由および幸福を尊ぶ社会を形成すること、このような「個人の尊厳」を尊重することが国を守るということの内容である。これ以外の仕方で「国を守る」ことは不可能なのである。具体的には、前述の石村の言葉で言えば、「日本政府を《戦争のための政府》にするのでなく《世界平和のための政府》にする」ことではじめて可能になるのだ。

これらの三つの原則の生成を阻んでいるのが、グローバル化した軍事力と経済搾取に基礎づけられた構造的な暴力文化である。そして、その構造を下支えしているのは他でもない、権力に対する私たちの自発的な隷従なのである。人はこの加害性を自覚することによって回心し、「主権在民」の権利と責任を担い得る人間に生成するのだ。

◆平和的生存権とは何か

ここで言われる「平和的生存権」とは、日本国憲法前文に明示されている、「全世界の国民」とともに「平和のうちに暮らす権利」のことを言う。憲法九条を「平和的生存権」の保障規定として理解する憲法学者・深瀬忠一は、軍隊を用いる戦争によって自国の民衆の人権を守るという近代以来の伝統的な防衛公式が、第一次・第二次世界大戦によって根本から揺らぎはじめた。それが双方の民衆の暮らしと生命に全面的な破壊をもたらした。

すると国境を越えた民衆の人権の擁護が共通の課題となり、万国の民衆の人権をともに守るという倫理が、新しい法理を要請するに至った。言い換えれば、軍隊と戦争による平和と人権の防衛ではなく、軍隊と戦争からの、あるいは軍隊と戦争に対する、平和と人権の防衛への転換である（深瀬忠一『戦争放棄と平和的生存権』岩波書店、一九八七年）。

第一三条　すべて国民は、個人として尊重される。生命、自由及び幸福追求に対する国民の権利については、公共の福祉に反しない限り、立法その他の国政の上で、最大の尊重を必要とする。

西欧政治思想史家の千葉眞はまず、平和的生存権が第一三条に基礎をもつことを教えている。この第一三条の「公共の福祉」のなかに——当然と言えば当然なのだが——第九条の内実である戦争と交戦権の放棄による世界平和の創造と維持を含める。そのうえで「平和的生存権は、生命権（生命に対する権利／**Right for life**）が認識されていない場合には、まったく意味をなさない権利であるといえよう。生命権は自由権や幸福追求権などを含む諸種の権利のなかでも根源的な権利であって、それらの権利群を基礎づけている基底的な権利である」（傍点・太字著者）と説き、さらに千葉もまた、平和的生存権が日本国民だけに帰属するのでなく、世界各国の人々に帰属するものとして、国家主権の限界を越えて世界市民権のひとつとして成立していることを指摘する

（千葉眞『「未完の革命」としての平和憲法　立憲主義思想史から考える』岩波書店、二〇〇九年）。

歴史的時間の中では、民衆の平和的生命権はつねに途絶の危機にさらされる。そのような危機の中で、「平和的生存権」という概念は、詐取的な運用次第では、スローガン化されて軍事戦略に利用される。そのリスクを回避するためにも、生命権（生命に対する権利／Right for life）のみならず、生命そのものについての哲学的あるいは宗教的な根源をもたなければ、「平和的生存権」はまったく意味をなさない権利になってしまう。それゆえに、「この憲法が国民に保障する」平和的生命権は、「国民の不断の努力によつて」、「常に公共の福祉〔戦争放棄による世界平和〕のために用いる責任」（第一二条）を国民は負っているのである。この務めを果たすことが「国を守る」ということなのである。私はこの務めを「民衆の社会安全保障」という概念で呼んでいる。

民衆の社会安全保障

自国民の生存の名において為される国家安全保障とは、相手国の国民の生存と安全を犠牲にすることによって、確保しようとする実に悍（おぞ）ましい防衛政策であり、それは安全保障の名に値しない戦争政策なのだ。人が自分と自国をこのような疑似国家カルトにゆだねてきたとするなら、自分を恥じなければならない。安全保障はなぜ戦争に行き着くのか。そのひとつの回答をミッシェ

「国家安全保障」と「民衆の社会安全保障」の比較パラダイム
"National Security" and "Social Security for People"

国家安全保障	民衆の社会安全保障
敵の存在を前提とする善悪二言論的イデオロギーで現状を見る。	悪なる「敵」の存在ではなく、いまだ解決されていない「紛争」が存在すると考える。
武力こそ平和を造るもっとも有効な手段と考える。	非武装の民衆的な抵抗こそ平和に至る最も有効な道と考える。
武力干渉・諜報活動が政治行動の主役となるがゆえに、言論の取り締まりを強化する。	「政府の行為によって再び戦争の惨禍が起ることのないように」平和的な手段で紛争を緩和する。
他国民への懐疑と憎悪でもって相手国をねじ伏せる国家安全保障の追求。	相手国と自国の人々との間に信頼を醸成し、和解を模索する。
—恐怖と懐疑の支配—	—信義と公正の支配—

ル・フーコーは提出している。

「〔近代国家の〕戦争はもはや、守護すべき君主の名においてなされるのではない。国民全体の生存の名においてなされるのだ。住民全体が、彼らの生存の必要の名において〔相手国の国民と〕殺し合うように訓練されるのだ。」

現在、日本は中国・ロシア・北朝鮮との間に火種を抱えているが、それに対し、日本政府は「国家安全保障」のパラダイムで対応している。他方、仮に日本政府が日本国憲法に従って「民衆の社会安全保障」のパラダイムで政治を行うと、両者はいかなる相違をもたらすのか。上記の図表はパラダイムを対照化したものである。対照化の目的は差異を際立させることにあり、それ以外の何ものでもない。

民衆の社会安全保障とは、相手国と自国の和解を模索する行動にほかない。すなわち、一国の安全保障は近隣の国々の安全保障と切り離すことができないとする考えだ。そのためには双方間に信頼の醸成が不可欠なのである。これを「安全保障の不可分性」というが、これは日本国憲法の前文と第九条およびその関連箇所において規定されているのであって、決して新しい概念ではない。

この「不可分性」の真意をとらえるには「沖縄・アジア」の視点が必要である。それは単に地理上の「沖縄・アジア」ではなく、日本軍が侵略した地政学上の「沖縄・アジア」である。簡単に言えば、相手国の立場から自国を見るという視点である。その視点を政治に反映させるためには、国家安全保障を手段にしているその権力構造の土台を補強するのを止めること、それが「民衆の非武装抵抗」であり、《国を守ること》なのだと、一九四五年の敗戦を生きた日本人は学んだのだ。その歴史経験と学習が平和憲法の成立へと繋がっていったのである。

◆自衛隊を国際災害救援隊（サンダーバード）に再編しよう

サンダーバード（Thunderbirds）とは、もともと一九六〇年代にイギリスで作成されたテレビ番組で、世界各地で発生した事故や災害で絶体絶命の危機に瀕した人々を、「国際救助隊」（ＩＲ・

International Rescue）がスーパーメカを駆使して救助する活躍を描いた娯楽番組である。

「子どもの貧困」「パンデミック下での医療崩壊」「首都直下地震」「異常気象」「原発事故」、これらは、この数年間に「ＮＨＫスペシャル」「混迷の世紀」「映像の世紀」などで報道された代表的なドキュメンタリー番組で取り上げられたテーマだ。こうした番組は何を物語っているのだろうか。

日本のみならず世界は、ウイルスによる感染症も含めて災害だらけで、たくさんの人々が災害の犠牲になっている。今日、私たちが経験している災害の苦しみと犠牲に対して、軍備による安全保障は何一つ役に立たない。軍備による国家安全保障は、巨大災害に対する人間の社会安全保障にとって無用の長物であるということだ。

◆子どものように

「狼は小羊と共に宿り／豹は子山羊と共に伏す。／子牛と若獅子は共に草を食み／小さな子どもがそれを導く。雌牛と熊は草を食み／その子らは共に伏す。／獅子も牛のようにわらを食べる。乳飲み子はコブラの穴に戯れ／乳離れした子は毒蛇の巣に手を伸ばす。」

（旧約聖書・イザヤ書一一章六～八節、聖書協会共同訳）

歴史の変革は大国政府に期待できないが、彼らを敵に回してはいけない。なぜ大国は世界の変革に無能なのか、それは莫大な権益を失う恐れがあるだけでなく、彼らの自負心がそれを不可能にしているからだ。中小国も大国の圧力によって難しい。

聖書の中でイザヤは、変革の道は子どもたちが「それを導く」と語った。イエスは、大人たちによって周縁に追いやられた子どもたちを世界の中心に戻すべきだと教えた。彼らはそれをたとえ話で語ったのでもなければ、子どもを聖人化しているのでもない。子どもたちはつねに非武装であり、敵を虐殺することもしない。子どもたちは信頼と助け合いの天才である。子どもたちは自分の欲望を満たすために、科学技術を悪用したり、宗教思想を誤用したりすることもない。子どもたちは世界の貧しい人々から富を独占して超豪邸に住むような「アメリカンドリーム」を夢見ることはしない。子どもたちは原爆をちらつかせて他国を脅かしたり、原爆を二発も投下したりはしない。子どもたちは五年間で四二兆円もの税金を戦争の準備のために使う発想をそもそももっていない。

平和を求める各国の大人たちは、子どものように連帯と非武装によって闘っている。平和運動は、戦争中毒の政府の土台に楔(くさび)を打ち込み、政府に圧力をかける道を基本としている。私たち民衆の務めは、日本政府を《戦争のための政府》でなく、《世界平和のための政府》にすることで、政府に対し自衛隊を再編して、「国際平和災害救援隊」を設立し、災害発生から十二時間以内に世界のどこへでも現場に急行できる救援隊によって、世界平和に貢献する国にすることである。ミサイルと戦闘機と爆弾を解体し、軍艦を難民収容船に、駆逐艦を病院船に、戦車をブルドーザーに、軍事基地を市民の森林スポーツ公園に、防衛大学を世界平和大学に、防衛省を平和災害救援省に、自衛隊訓練学校を救援隊訓練学校に改組して、世界中から青年を集めて救援のスペシャリストを養成する。それによって、私たちはイザヤ書二章四節、「彼らは自分たちの剣(つるぎ)を鋤(すき)に、自分たちの槍を鎌に打ち直す。国は国に向かって剣を上げず、もはや戦うことを学ばない」（試訳）を実現し、争いの東アジアの海を名実ともに「共平海」Co-Pacific Ocean（Song Kong Ho）にする。

そのためには、私たちは日本政府に対し、戦争の違法化と同時に、国連と関係六か国（アメリカ、中国、ロシア、台湾、韓国、朝鮮）との間で、何年かかるとしても内容の伴った新平和条約を締結する外交努力をするように働きかける。「内容が伴って」いなければ、それは次の戦争の準備に利用されるからだ。利権政治に長けた既成政党や彼らとつるむ国際政治の「専門家」たちは「それは東アジアに不安定要素を増し加える」などとシャシャリ顔で非難するだろう。けれども、つねに改革されるべき世界は「小さい子どもがそれを導く」（イザヤ書一一章六節、聖書協会共同訳）のだから。

3章 「もし、侵略されたらどうする」という問い

現実的な問いとして考える

私たちはこの問いが人を揶揄(からか)った質問でなく、まじめな質問として向き合い、これらの質問者たちとともに考えてみたいと思う。

二〇二〇年の世論調査で、「日本経済新聞」は「敵基地攻撃能力の保持」について賛成三七%、反対五五%と報道している(七月二十日号)。二〇二三年一月六日の「朝日新聞」の調べでは、「敵基地攻撃能力の保持」について賛成五六%、反対三八%とある。両者を単純に比較・計算することはできないが、あえて言えば、この増加分の二〇%近い人々が賛成に転じたもっとも大きな理由は、「不安と恐れ」と見て間違いないであろう。その「不安と恐れ」が「もし、侵略されたらどうする?」という問いに現れていると見て差し支えだろう。

ノルウェーの「オスロ国際平和研究所」の平和学ヨハン・ガルトゥングも認めているように、

日本は国際基準からみても、七十七年間米軍に占領されている立派な被占領国家である。ところが日本社会では、この認識はタブーとされているようだ。しかし、最近は公共空間でこのタブーを言い放つ人が少なくないようだ。「そのとおり、私たちの国はアメリカに占領されたままだ。でもね、占領されていても、彼らが日本を守ってくれるので、こうして治安が守られ、安心して暮らせるんだ。」この言葉は二〇二二年十二月、福岡・天神における街頭行動で一人の通行人が私の仲間に語りかけた言説である。

この「アメリカの核の傘の下に救いあり」という信条は明らかに、「統一協会」まがいの疑似宗教カルトであると私は思う。彼らは、アメリカによるこの占領状態を肯定しているだけでなく、政権が画策する「国防予算」の大増税に手を貸している。この立場の政治家や大衆は、占領者に迎合しているので、彼らにおいて「占領されたらどうする！」という問いは成り立たない。けれども、成り立たない理屈が歴史を誤った方向に誘導する悲劇を忘れないために、以下にこの「侵略されたらどうする」という問いの問題点と回答を整理する。

◆答えは単純な「イエス」か「ノー」かの中にはない

この質問をする人々は、議論をあれかこれかの二者択一へと誘導する意図を隠しもっているようだ。侵略者の脅迫を受けて、自国を守るためには、敵を殺すより仕方ないように見える時でさ

え も、つねにそれ以外の道があり得ることを信じ、模索することが、「公正と信義に信頼し」（日本国憲法前文）という意味である。はたして私たちは、学校で生徒たちに、家庭で子どもたちに、教会で信徒たちに、この《信頼》の意味を教えてきただろうか。教えるべき教師が、親が、牧師が、自分自身の課題として受け止め、自分の身体に躾（しつけ）てきたのだろうか。もしかしたら、「平和憲法を守れ」と訴えてきた私たちが、その《信頼》は歴史に新しい地平を切り開く準備となることを試みてこなかったのではないだろうか。

◆「もし、侵略されたらどうする！」

侵略されたら、言うまでもなく、止めどもない殺し合いが行われる。だから、「正義と秩序を基調とする国際平和を誠実に希求し」（九条一項）なければばないのだ。ゆえに民衆は政府に対し、戦争への芽を摘ませる本来の仕事（外交）をさせる責任がある。

ところが、平和憲法を嫌悪する人たちは「もしも自分たちが他国を侵略したら」という問いはたてない。なぜなら、それは自分たちにとって不都合な問いだからだ。ここに「もし、侵略されたらどうする」というロジックの中に潜むひとつのトリックが見え隠れしている。私たちは彼らに訴えたい。かつて日本の帝国主義政策の犠牲となった東アジアの民衆の痛みと傷から、憲法九条の意義と現代性を考えてみようではないかと。

◆「九条があれば日本は守れるのか」？

この問いは、故・安倍晋三が好んで使った慣用句だそうだ。そこで、私はこの言葉を語る人々にお聞きしたい。「あなたは憲法九条を活用したことがあるのか」と。生活をかけて九条を活用したことがない者が、この「問い」を発出すれば、それは空虚で実体のない政治的プロパガンダにならざるを得ない。そこで、私たちは逆に問うことにする。「九条を変えたら日本は守られるのか」と。

一国の安全保障は、利害関係国（「敵国」）の安全保障と不可分に結びついてはじめて効果を発揮するのである。「いずれの国家も、自国のことのみに専念して他国を無視してはならない」（憲法前文）のだ。どの国も他国の安全保障の犠牲の上に自国の安全保障を確立できると信じるなら、それはカルト国家の幻想にすぎない。

◆沖縄の人々の闘いと生き方から学ぶ。

阿波根昌鴻（あはごんしょうこう）さんはイエス・キリスト、ガンジー、キング牧師から非暴力抵抗の生き方を学び、それを「命どう宝（ぬちどうたから）」という沖縄の言葉で表現した（阿波根昌鴻『命どぅ宝　沖縄反戦の心』岩波新書、一九九二年）。それは、政治も経済も宗教も科学も、芸術も、神から与えられた命を真実に愛し、それに仕えるという意味であって、「命あってのモノだね」と解釈するのは甚だしい誤解だ。

沖縄の正義と平和を愛する人々は、防衛施設庁と米軍基地と本土の日本人の無理解という三重の占領者に侵略されているので、不服従行動、非暴力運動で軍事基地の廃絶闘争を行っている。これを非難する人々が「侵略されたらどうする」と言うのは、あまりにも滑稽な話である。

◆侵略者の権力の源泉は民衆の意志と力にある

侵略には外国からの侵略と国内からのクーデター（権力簒奪）がある。それらの侵略に対する闘い方は、武器に頼らない民衆の連帯による持続可能な防衛によって達成できる。それは、私自身がインドネシアのスハルト独裁体制の下で経験させられた真理である。人権抑圧に抗議するデモに参加して警察に逮捕された学生をもらい下げに行くとき、また、抗議デモに学生たちと共に参加するとき、そこが学生たちの平和学の実践教育の時となるのだ。警察のような権力機関と協働できる分野が開けた時は、誠実にしかも注意深く協力したらよい。

　まず民衆一人ひとりが自分の霊性を「平和の砥石」で磨きつつ鍛え上げると同時に、協力して優れた戦略と戦術の立案を現場で実践しなければならない。そのためには、侵略者の権力構造を分析し、彼らの弱点を探し出し、特定する必要がある。こうしてスハルト独裁政権は、私たちの前で崩落していった。外国から侵略者も国内からの独裁者も、民衆の支持を失えば「土台を奪われた巨像のごとく、みずからの重みによって崩落する」（エティエンヌ・ド・ラ・ボエシ）からである。

ちなみに、私たちが本書で学んできたのはガンジー、キング牧師、ジーン・シャープなどであるが、私自身が繰り返し学んできた書物は、宮田光雄の『非武装国民抵抗の思想』（岩波新書、一九七一年）である。

◆「原発が攻撃されたら日本はどうする」

私はこの問いを、「侵略されたらどうする」という人たちに問うことにしている。この人たちは、「だから原発を廃棄しましょう」とはまったく言わない。日本を壊滅するには、原爆を搭載した中距離弾道弾も巡航ミサイルも必要ない。二百五十キロ爆弾を搭載した三機のセスナ機で、日本海沿岸にずらりと並ぶ原発に「テロ攻撃」を仕掛ければそれで終わる。

それゆえに、原発推進の政治家、製造者、運営者は、テロリストの「共犯者」になっていることを自覚しなければならない。日本政府は一九八四年に、原発への攻撃を想定した予測被害で最大一万七千人の急死者を――あまりにも楽観的な数値であると思うが――予測していた（「朝日新聞」二〇一一年七月三十一日朝刊）。彼らはフクシマの経験からその惨事を想定できるにもかかわらず、原発を廃棄しないどころか、増設することに賛成さえしている。このように語ると、「侵略されたらどうする」と息巻いていた人たちの相当部分が、不思議にも、「そんなこと（原発テロなど）起こるはずはない」と答えるのだ。

◆戦争は人々を殺人鬼に造り変える

侵略者は、故国ではヒューマニストであったとしても、戦争は彼らのヒューマニティを破壊し、平気で市民を殺し、女性を凌辱する人に変貌させる。そんなとき、侵攻を受けた土地の男たちは、自発的に子どもや女性たちの《盾》になる行動が求められるかもしれない。こうすることで、他の人たちに逃げるチャンスを与えることができ、攻撃してくる敵を殺さずにすむかもしれない。だからそうなる前に、政府はさまざまな外交的手段で周辺諸国との信頼醸成を培い、民衆・市民は隣国民との友好と信頼の関係を構築して、戦争を起こさない努力が必要なのだ。

◆歴史は単なる因果や宿命で成り立っていない

私たちが生きている世界は、単なる因果律や宿命で成り立っている閉鎖系システムではない。そこには思いがけない解決の道が隠されており、解決の道を造り出すことができる。他国の人々のことを考えず、自分たちの生活だけを守ろうとする「安全保障」は、結局、他国の人々の犠牲を前提とした恐ろしい安全保障観なのだ。

まことの安全保障とは、敵対している両者の平和的生存権が同時に保障されるシステムでなければならない。そのためには、さまざまな仕方で信頼醸成の努力が必要になる。身代わりの犠牲者を生み出すような世界をつくらないためにも、平和をたずね求めよう、「見いだすことができるうちに」（イザヤ書五五章六節、協会共同訳参照）。

まとめ

ニューヨークの国連本部の広場に「イザヤの壁」がある。そこに旧約聖書イザヤ書二章四節の言葉が刻み込まれている。

They shall beat their swords into plowshares, And their spears into pruning hooks; Nation shall not lift up sword against nation, Neither shall they learn war any more. Isaiah.（彼らは自分たちの剣（つるぎ）を鋤（すき）に、自分たちの槍を鎌に打ち直す。国は国に向かって剣を上げず、もはや戦うことを学ばない。イザヤ）

この言葉に自分の実存をかけて向き合う者は、もはや「もし侵略されたらどうする」とは問わないであろう。その人は、むしろ「平和を造るために、私は何をすべきでだろうか」と問う者となり、さらに平和を造る者となるであろう。

一九四六年八月二十七日火曜日、貴族院本会議で南原繁（なんばら）（無所属）が幣原喜重郎（しではらきじゅうろう）国務大臣に次の言説をもって質問した。

「……いやしくも国家たる以上は、自分の国民を防衛するというのは、またその為の設備を持つということは、これは普通の原理である。これを憲法において放棄して無抵抗主義を採用する何らの道徳的義務はないのであります。」

これに対して、幣原は次のように答えている。

「実際この改正案の第九条は戦争の放棄を宣言し、我が国が全世界中もっとも徹底的な平和運動の先頭に立って指導的地位を占むることを示すものであります。……文明と戦争とは結局両立し得ないものであります。文明が速やかに戦争を全滅しなければ、戦争が先ず文明を全滅することになるでありましょう。私は斯様な信念をもってこの憲法改正案の起草の議に与かったのであります。」

（『復刻版　戦争放棄編　帝国憲法改正審議録』参議院事務局編、一九五二年）

南原と幣原の討議をすべて読んで、私は二人の討議の質の深さに感嘆した。だが戦後、東京帝国大学総長に就任したまま貴族院勅撰議員に任じられた南原のようなキリスト者知識人が、この平和憲法を「非暴力市民抵抗」としてではなく、「無抵抗主義」と捉えていたとは驚きである。幣原の総理の任期は一九四五年十月九日～四六年五月二十二日までの八か月間であるから、この討議が行われた一九四六年八月二十七日は、総理から国務大臣になって三か月後のことである。二人の討議は日本のその後の防衛論争を代表する先駆けとなった。

南原の議論は「もし侵略されたらどうする」という「普通の原理」を代表しており、外交現場で百戦錬磨を這いまわってきた幣原は、「徹底的な平和運動の先頭に立つ」人々の議論を代表していると言えるだろう。歴史はいま、どちらの英知（ソフィア）を必要としているのだろうか。

終章　平和をたずね求める

すべての命には越えてはならない「境界（有限性）」というものがあると同様に、すべての民族にも尊ぶべき「境界」がある（新約聖書・使徒の働き一七章）。その境界に対する唯一の向き合い方は《受容》である。そのことはすべての家庭、組織、企業、集団、種族にも妥当する。ところが人間性を逸脱した欲望に憑りつかれた人にとって、その境界を受容することはきわめて困難である。なぜなら、「あらゆる有限なものは、自らを無限なものへと拡張しようとする。〔同様に〕個人は境界のある自らの生を無限に継続しようとする」（P・ティリッヒ）からである。

こうして、独裁者とその集団は、自らの限界を定めた境界を武力の行使によって拡張したり、消滅させたりして、無限なものへと拡大する。これが侵略戦争である。この問題について、花山信勝（僧侶・東京大学教授）は、教戒師の立場を用いて処刑される前のA級戦犯たちが拘置されていた巣鴨刑務所に足しげく通い、彼らの遺言書を筆記した。ここに「東条英機の遺言」の一部を紹介する。

「人間の欲望というものは本性であって、国家の成立ということも欲からなるし、自国の存在とか、自衛とかいうようなきれいな言葉でいうことも、みな国の欲である。それが結局戦争になるのだ。それを取り去るために、東洋では釈迦が、西洋ではキリストが、この二大聖人が世に出て、欲に巣喰う人間を救わんとして、何千年来やって来たわけだが、それが〔人間によって〕実行されないで、時と共に末世的状態となってきたわけだから、真っ先に政治家がこれ〔大無量寿経〕を読んで、深く考えなければならぬ。自分も巣鴨〔刑務所〕に入ってから、はじめて発見したことで、情けないことですね。しかし、ここ〔巣鴨〕に入らねば人生なんて静かに見えないですね。」（花山信勝『平和の発見』朝日新聞社、一九四八年）

ここに、越えてはならない権力の境界を軍事力の妄想によって越えてしまった男の遅すぎた悔恨を読むことができる。歴史は単に因果や宿命で成り立っている閉鎖系のオクロス（時間）ではなく、「見よ、わたしはすべてを新しくする」（新約聖書・ヨハネの黙示録二一章五節）という約束の下にある開放系のカイロス（時間）なのだ。本書ですでに学んだように、自分たちの命をまず救おうとする「安全保障」は、相手側の人々をまず犠牲にすることを前提とした恐ろしい「安全保障」観である。私たちはその観念から解放されて、敵対している両者の平和のうちに生きる命が同時に保障される友愛に基づいた世界システムを構築することが人類に課された最大の務めである（賀川豊彦）。

日本国憲法前文は、「平和を愛する諸国民の公正と信義に信頼して、われらの安全と生存を保持しようと決意した」と宣言する。そのためには民と民の、また、国と国のあいだに信頼が醸成されねばならない。つまり、信頼とは「私」がもっている主権の一部を「あなた」に譲ることから始まる。こちらが敵意という主権の一部を捨てれば、なおさら、平和の選択肢はさらに大きくなるはずだ。

非暴力による平和創造という生き方は、何もキリスト教の特技ではなく他宗教や哲学からも学べるのだ。ここでは『論語』の「顔淵（がんえん）第十二」を金谷治の現代訳で読んでみよう（『論語』岩波文庫、ワイド版、二〇〇三年）。

〔孔子の弟子である〕子貢が政治のことをおたずねした。先生〔孔子〕は言われた、「食料を十分にし軍備を十分にして、人民には信を持たせることだ。」子貢が「どうしてもやむをえずに捨てるなら、この三つの中でどれを先きにしますか。」というと、先生は「軍備を捨てる。」といわれた。「どうしてもやむをえずに捨てるなら、あと二つの中でどれを先きにしますか。」というと、「食糧を捨てる。昔からだれにも死はある。人民は信がなければ安定してやっていけない。」といわれた。

孔子（前五五二〜前四七九年）が生きた時代は、中国では「自らに正義あり」と主張して「軍備」を用いて、殺戮が正当化された軍閥割拠の「春秋戦国」の世であった。しかし孔子は「信がなければ国は立たない」という平和学を弟子たちに教えた。

また、また仏教経典のひとつで東条英機が巣鴨刑務所で愛読したといわれる『大無量寿経（だいむりょうじゅきょう）』に出てくる教えに、兵戈無用（ひょうがむよう）という言葉がある。「戈（が）」とは、すなわち「矛（ほこ）」あるいは「槍（やり）」のことで、釈尊が悪を戒め、信を勧められるところで語られている。この背景には「不殺生（ふせっしょう）」すなわち「殺すなかれ」という釈尊の思想がある（泉惠機（しげき））。

また日本には「神も仏もない」という信条をお持ちの方も多くおられると思う。伝統的な宗教的信仰はもたないが、正義と平和の（実在（リアリティ））に触れた多くの人々が、事実として大いなる平和のミッションに参加しており、私もこの人々と共に平和のミッションに関与してきた。この人々は正義と平和の実在（リアリティ）を信じている。平和の実在（リアリティ）とそれへの《信頼》において、私たちは連帯でき対話が可能なのである。

宇宙が神の恩寵による絶対的な《肯定（然り）》によって成り立っているなら、平和は、歴史の意志であり、自然の戒めであり、仏の慈悲であり、そして神の恵みなのだ。人はだれでも自らの良心と理性をあるいは自らの存在を、この歴史の意志に向けて、自然の戒めに向けて、仏の慈悲に向けて、あるいは神の恩寵に向けて開くならば、もはや軍事同盟や核の傘による国家安全保障にしがみつく必要はなく、兵戈無用の自由を経験できるのである。ただし、その自由を正しく持続させ深化させるためには、信頼し得る宗教および信仰が必要であると私は信じている。身代わりの犠牲者をこれ以上つくらないためにも、平和を見いだすことができるうちに、平和をたずね求めようではないか。

あとがき

本書の出版の成り立ちは、昨年（二〇二二年）の末に、友人の小塩海平氏（東京農業大学教授）が私の講演原稿「ウクライナの破壊に関する簡潔な報告」を、いのちのことば社出版部に紹介してくださったことから始まりました。

ロシアのウクライナ侵攻は、日本国憲法の改憲を虎視眈々と窺ってきた政党や団体にとって「千歳一隅」の機会を提供しているようです。多くの人々が国際問題を解決するための最終的な手段を「戦争能力」に求めた事態を、私は深刻な神学・地政学的な危機として捉え、本書を執筆しました。

私が戦争について書くとき、「虐げられた民衆への優先的な関与」という原則で、国と平民とを区別します。しかし、それは国を性悪説で、民を性善説で捉えるというような固定観念ではありません。私がそうするのは「虐げられた平民」の視点からしか、戦争の本質は見えてこないからです。

私は二〇〇三年にイラク・バグダッドの現地でアメリカのイラク侵攻を、そして、二〇二二年三月と二〇二三年三月のウクライナへの旅で、ロシアのウクライナ侵攻を、直接体験することになりました。そこで抱え込んだ、「なぜ人間は〝戦争〟という誘惑に負け、人間性を捨てるのか」の問いが、私の大きなテーマのひとつになりました。

私の息子は映像ジャーナリストのビザを取得して、去年の四月から現在に至るまで、東ウクライナで仕事をしています。私と彼はしばしば、この戦争の本質について討論してきました。その成果は本書に反映されているはずです。

私をウクライナに送り出してくれたのは、糸島聖書集会の仲間たち、東アジア平和センター福岡の同輩たち、そして、糸島デモクラシー塾の友人たちでした。さらに、多くの人々が尊い浄財を献金してくれました。これらの人々の協力がなければ本書は誕生しなかったでしょう。

本書は、私の二度のウクライナ訪問で出会った人々との対話や討論が土台となっています。参考図書は本文に挿入しました。人名には敬称を省きました。いのちのことば社出版部の米本円香さんは私の悪筆乱文に忍耐をもって校正してくれました。妻の厳しい評論はいつものことですが、彼女は豊かな知的刺激を与えてくれました。ここに記した人々に心からの感謝を捧げます。

あとがき

私は本書の執筆のために、この数か月間、孫たちと一緒にキャッチ・ボールやスイミング・プールで遊ぶ時間をいく度か惜しんでしまいました。本書は、彼らから奪ってしまった時間によっても書かれているのです。私は孫たちの未来に、愛と希望を込めて本書を捧げます。

二〇二三年七月三日　福岡・糸島にて

木村公一

著者

木村　公一（きむら・こういち）

1947年、東京生まれ。福岡県糸島市在住。夫・4人の父親
東京神学大学修士課程修了、西南学院大学、United Theological College（インド）、Asian Graduate Baptist Theological Seminary（神学博士）で学ぶ。1986年から2002年までの17年間、宣教師としてインドネシアの中部ジャワにおけるバプテスト神学大学で教える。2007年、アメリカのMacAfee Graduate Theological Schoolの客員教授として教える。
現在、日本バプテスト連盟いとしま聖書集会牧師、西南学院大学と福岡大学非常勤講師、キリスト者政治連盟常任理事、九条の会・福岡県連絡会世話人、インドネシア「慰安婦」被害者の連帯会議顧問、東アジア平和センター福岡顧問等を務める。
主な著書として、『人間の栖』『インドネシア教会の宣教と神学』（以上、新教出版社）、共著として、『もう原発は手放しましょう』（いのちのことば社）などがある。

カイロスブックス 8

非暴力による平和創造
ウクライナ侵攻と日本国憲法

2023年 8 月31日　発行

著　者　　木村公一
装　丁　　桂川　潤（樽田ルツ子）
印刷製本　シナノ印刷株式会社
発　行　　いのちのことば社
〒164-0001 東京都中野区中野2-1-5
電話 03-5341-6924（編集）
03-5341-6920（営業）
FAX03-5341-6921
e-mail:support@wlpm.or.jp
http://www.wlpm.or.jp/

ISBN978-4-264-04442-0